(Copy)

Carnarvon Feby 5. 1801

Sir,

I have the Honor to inform you that owing to some unfortunate mistake your Letter of the 20.r has not come to my hands, neither should I have had your Letter of the 2 which arrived here in course yesterday afternoon unless repeated enquiries had been made at the Post Office, in consequence of Captain Dalbiac this morning acquainting me of your having wrote to me The Post master observing the Letter addressed to "the Mayor or Chief Magistrate" very negligently withheld it from me, knowing me not connected with this Corporation, neither did he deliver it to the Bailiffs of the Town, who are in fact the Chief Officers of the Corporation residing here — Lord Uxbridge being the Mayor, and Mr. William Deputy Mayor, both in London — The Post master utterly Desires that the first Letter came to his office.

I shall be very thankful to you if you have a Copy of that Letter to send it me, else the substance, as you mention in your Letter of the 2. you therein informed me of the cause of your sending a Troop of Dragoons to Carnarvon and Bangor, but the whole to be under my orders, if I saw their assistance necessary —

Dechrau llythyr Edward Griffith at y Cadfridog Nicolls, 5 Chwefror 1801.
(Drwy ganiatâd Gwasanaeth Archifau Gwynedd.)

**The item should be returned or renewed
by the last date stamped below.**

Dylid dychwelyd neu adnewyddu'r eitem erbyn
y dyddiad olaf sydd wedi'i stampio isod

Newport
CITY COUNCIL
CYNGOR DINAS
Casnewydd

PILLGWENLLY

To renew visit / Adnewyddwch ar
www.newport.gov.uk/libraries

Dragwniaid
yn y Dre

Digwyddiad o 1801

Dafydd Glyn Jones

DALEN NEWYDD

2018

Argraffiad cyntaf – 2018

Rhif llyfr cydwladol (ISBN) 978-0-9955399-4-5

Cydnabyddir yn ddiolchgar gymorth
Cyngor Llyfrau Cymru tuag at gyhoeddi'r gyfrol hon.

Cynllunio gan Nereus, Tanyfron, 105 Stryd Fawr, Y Bala,
Gwynedd, LL23 7AE.

Cyhoeddwyd gan Dalen Newydd Cyf.,
3 Trem y Fenai, Bangor, Gwynedd, LL57 2HF.
e-bost: dalennewydd@yahoo.com

Argraffwyd a rhwymwyd gan Argraffwyr Cambrian,
Llanbadarn Fawr, Aberystwyth, Ceredigion, SY23 3TN.

Rhagair

Fel a ddigwydd yn aml, wrth chwilio am bethau eraill y dois i wybod am gymeriad Edward Griffith a stori'r Dragwniaid. Tyfodd y llyfryn hwn wedyn o ddarlith a draddodais i Gymdeithas Hanes Teuluoedd Gwynedd, 29 Mawrth 2007. Y diweddar T. Meirion Hughes oedd cadeirydd y noson, a bûm yn ddyledus iddo am wybodaeth. Yr wyf am ddiolch hefyd i John Dilwyn Williams, David Price, Neil Fairlamb a Rheon Gwyn Prichard am oleuni ac awgrymiadau gwerthfawr. Am gael hyd i gofnod papur newydd o ddamwain angheuol Edward Griffith, a chofnod ei gladdu, rwy'n diolch i John Grigsby ac i'w gyfeillion yntau Lynne Ewart a Peter Ewart o Wasanaeth Archifau Caint. Am oleuni ar rai pethau yn hanes y gatrawd, diolch i'r Capten W. A. Henshall, Curadur Amgueddfa Gwarchodlu'r Dragwniaid Brenhinol, Caerefrog. Cefais bob cymorth a chefnogaeth gan staffiau Llyfrgell ac Archifdy Prifysgol Bangor, Archifdy Gwynedd (Caernarfon) ac Adran Llawysgrifau Llyfrgell Genedlaethol Cymru. Atgynhyrchir darlun J. M. W. Turner o Bier Margate drwy ganiatâd caredig Sefydliad Celfyddyd Courtauld, Llundain. Diolch i'm priod, Gwawr, am dynnu rhai o'r lluniau ac am fod gyda mi drwy'r blynyddoedd ar drywydd Edward Griffith. A diolch i William Parry am daith o gwmpas ardal y Tryfan.

O adnabod 'Mr. Griffith', fel yr hoffai ef gyfeirio ato'i hun, anodd meddwl na chafodd ef beintio'i lun ryw dro. Ond ni wn am unrhyw lun ohono ; llawer haws, fel y gwelir, cael lluniau o'i gyfeillion gohebol yn Lloegr a'r Swistir.

Hydref 2018   D.G.J.

Dragwniaid yn y Dre

Calondid i bobl Caernarfon, ac i bawb cyfarwydd â'r hen dref, yw gweld Plas Bowman heddiw wedi ei drin a'i drwsio ar ôl bod am flynyddoedd yn ddrych o dristwch. Byddai'n dda gweld yr un adnewyddiad i'r tŷ drws nesaf yn Stryd yr Eglwys, adeilad a fu'n rhan o Blas Bowman ar rai cyfnodau, ac ar adegau eraill yn annedd ar wahân dan yr enw Plas Spicer. Wrth y llai cyfarwydd, gallwn esbonio mai tŷ helaeth o fewn y dref gaerog yw Plas Bowman, yn sefyll ar gornel Stryd yr Eglwys a'r Stryd Fawr ('Stryd Cloc Mawr' fel y byddwn yn dweud yn amlach), ac o fewn ychydig gamau i Borth yr Aur. Fel eraill o hen 'blasau' yr hen dref fe welodd ei gyfran o dreigl a thro, ac mae'r haneswyr wedi adrodd yr hyn ohono sy'n hysbys : dod yn eiddo i Thomas Bowman ganol y bymthegfed ganrif, ac olyniaeth o wahanol berchenogion wedyn, yn cynnwys teulu Wynne, Peniarth, a theulu Nanney. Bu'n dŷ annedd, yn dŷ doctor, yn glwb cyn-filwyr ac yn westy. Tenant Plas Bowman ychydig dros ddau gan mlynedd yn ôl yw arwr ein stori ni heddiw, Edward Griffith (1759-1820).

Mae rhan greiddiol yr hanes i'w chael mewn dau fwndel o lythyrau yn Archifdy Gwynedd, Caernarfon : y rhan helaethaf yng nghasgliad cwmni cyfreithwyr Poole, a rhagor (rhai eitemau yr un fath, rhai'n wahanol) yng nghasgliad Kenrick Evans. Llenwir y darlun gan rai dogfennau yn y Llyfrgell Genedlaethol ac yng nghasgliadau Porth yr Aur, Cynhaiarn a Baron Hill, Prifysgol Bangor. Golygwyd detholiad o'r llythyrau gan Edward Griffith ei hun, a'u cyhoeddi fel *Correspondence relative to the stationing of a troop of the Fourth Regiment of Dragoons in the County of Carnarvon*. Aeth y llyfr i dri argraffiad rhwng 1801 a 1806, ac mae'n llyfr eithriadol brin bellach.[1] Daeth y cyfan i'r pen mewn cyfnod o ryw fis, rhwng diwedd Ionawr a diwedd Chwefror 1801. Y stori, a'i thorri at yr asgwrn, yw fod y llywodraeth wedi anfon dragwniaid

i Gaernarfon, ac Edward Griffith wedi eu hanfon oddi yno.[2]
Dyma, er hwylustod, restr o brif gymeriadau'r chwarae :

> Edward Griffith Y.H., Plas Bowman (Ynad Lleyg Hynaf Dosbarth
> Caernarfon)
> Y Cwnsler John Jones Y.H., Gelliwig, Botwnnog (Bargyfreithiwr)
> Yr Is-Gyrnol (*Lieut.Col.*) Richard Edwards Y.H., Nanhoron
> (pennaeth Milisia Sir Gaernarfon)
> Dyn (? Thomas Jones)
> Thomas James, 7ed Is-Iarll (*Viscount*) Bulkeley, Baron Hill
> (Arglwydd Raglaw Sir Gaernarfon)
> William Henry Cavendish Cavendish-Bentinck, 3ydd Dug
> Portland (Ysgrifennydd Cartref, 1794-1804, a Phrif
> Weinidog 1787, 1807-8)
> Yr Uwch-Gadfridog (*Major-Gen.*) Oliver Nicolls (Pennaeth
> Adran y Gogledd-Orllewin o'r Fyddin Brydeinig)
> Y Lluesteiwr (*Quartermaster*) Smith, 4edd Gatrawd y
> Dragwniaid, yng ngofal y fintai yng Nghaernarfon
> Yr Is-Gyrnol (*Lieut.Col.*) Dalton, eto, yng ngofal y fintai ym
> Mangor
> Y Capten Hooper, eto (yn arolygu'r ddwy fintai)
> Y Capten Dalbiac, eto
> Benjamin Wyatt, stiward stad y Penrhyn
> Henry Bayly Paget, Iarll Uxbridge (Cwnstabl Castell Caernarfon
> a Maer y Dref)
> Thomas Williams A.S., Llanidan (Dirprwy Faer y Dref)
> Thomas Jones (Beili Tref Caernarfon)
> Humphrey Lloyd (eto)
> Postfeistr Caernarfon
> Thomas Ellis (Clerc Ynadon Pwllheli a Thwrnai Cyffredinol
> Gogledd Cymru)
> Hugh Ellis (Clerc Ynadon Dosbarth Caernarfon)
> John Hughes (Clerc Ynadon Sir Gaernarfon)
> Owen Anthony Poole, Caernarfon (cyfreithiwr a Chlerc
> Corfforaeth Caernarfon)

John Evans, Porth yr Aur, Caernarfon (cyfreithiwr Edward
Griffith, a pherthynas iddo)

Y Capten Richard Garnons, Plas Llanwnda, Caernarfon
(pennaeth Gwirfoddolwyr y dref)

Y Parchedig Henry Williams Y.H., Plas Pentir, Rheithor
Llandwrog

Chwarelwyr, Trefwyr, Milisia, Gwirfoddolwyr

Gellir crynhoi cefndir y ddrama fach mewn byr eiriau:
rhyfel ac eisiau bwyd. Roedd y rhyfel rhwng Prydain Fawr
a Gweriniaeth Ffrainc yn ei wythfed flwyddyn (a'r wythfed
gwrthdaro rhwng y ddwy wlad mewn canrif o amser);
yn fuan fe fyddai ysbaid fer (Heddwch Amiens, 1802), ond
ailddechrau tanio o fewn y flwyddyn a hithau'n 'Rhyfel
Napoleon' go iawn erbyn hynny; hyn i barhau, fel y gŵyr
pawb, tan y diwrnod hwnnw ym Mehefin 1815 pan ddaeth
y 'Corpral Bach' i'r Waterlŵ gwreiddiol. Fel yn y rhan fwyaf o
ryfeloedd yr oedd yna ddychryn a phanig weithiau, straeon
am fradwyr ac ysbiwyr, a llawer o bobl yn awyddus i gael eu
gweld ar yr ochr iawn a chael eu clywed yn gweiddi gyda'r
mwyafrif mawr. Am yr eisiau bwyd, tystion o hynny oedd
y 'terfysgoedd ŷd' y mae digon o adroddiadau amdanynt,
gydol y ddeunawfed ganrif ac i mewn i'r ganrif wedyn, mewn
llawer o drefi Cymru a'r Deyrnas, yn cynnwys Amlwch,
Caergybi, Conwy, Dinbych, Caerfyrddin, Hwlffordd ac nid
lleiaf Caernarfon. Mewn astudiaeth werthfawr yn rhifyn
39 o Drafodion Cymdeithas Hanes Sir Gaernarfon (1978)
mae Glyn Parry'n tynnu sylw at newid a ddigwyddodd, fel
y down at ddiwedd y ddeunawfed ganrif, yng nghymhelliad
y gwrthdystiadau hyn, llai o bwyslais ar fynnu, ar sail hawl
draddodiadol honedig, beth o'r grawn a oedd yn cael ei storio
gan ffermwyr a masnachwyr, a mwy o bwyslais ar fynnu gwell
cyflog i'w brynu. Mae hyn yn berthnasol dros ben i'n stori ni.[3]
Ar yr union adeg y mae a wnelom â hi, canodd

William Williams, Llandygái benillion, 'Y prinder a'r mawr ddrydaniaeth yn y flwyddyn 1800':

Pan ydoedd newyn tenau
Yn rhythu ei lygadau
Ac yn nesu o gam i gam
I ruthro am ein pennau,

A chydag ef roedd hefyd,
A'i wisg i gyd yn waedlyd,
Yr ellyll didda, ddera ddig,
Sef rhyfel ffyrnig, dybryd,

Roedd hefyd yn eu canlyn
Yr haint a'i wedd ysgymun :
Fflangellau creulon fawrion faint
Yw'r cleddyf, haint a newyn.

Pan lefodd pawb o unfryd
Ar awdwr mawr ein bywyd
Am ein cadw rhag y rhain,
Oedd giwed filain ynfyd,

Efe o'r nef a glybu,
Rhoes in ei law i'n helpu,
Ac a darfodd yn ddiymdroi
Y tri, a'u rhoi o'r neilltu.

Maent at ei alwad eto,
I gosbi dyn pan becho ;
Gan hynny oll gwnawn gydymroi
Mewn gweddi i'w troi heibio.

Ystyr 'dera' yn yr ail bennill yw 'bwystfil'. Esbonnir mewn nodyn mai dydd o ympryd yw'r hyn y cyfeirir ato yn y pedwerydd pennill. Fe welir mai dehongliad diwinyddol a thraddodiadol sydd gan y bardd, heb fawr fanylion am yr union amgylchiadau. Yn sicr ni sonnir fod gweithlu William Williams ei hun, chwarelwyr Cae Braich y Cafn, wedi gwneud un neu ddau o bethau yn y wasgfa hon heblaw cynnal dydd ympryd. Bydd hynny hefyd yn ganolog i'n hanes.

Hogiau go beryglus i'w croesi, mi dybiwn i, oedd aelodau Pedwaredd Gatrawd y Gwarchodlu Dragŵn, 'The Royal Irish Dragoon Guards', neu a rhoddi iddynt eu tri glasenw: 'The Buttermilks', 'The Blue Horse' a 'The Mounted Micks'.[4] Catrawd Wyddelig Brotestannaidd oedd hon, yn digwydd bod yn Lloegr rhwng 1799 a 1801, ond wedi treulio bron y cyfan o'r ddeunawfed ganrif yn Iwerddon a newydd chwarae rhan eithriadol waedlyd mewn rhoi i lawr wrthryfel cenedlaethol 1798 gan ymladd ym mrwydrau enbyd Arklow a Vinegar Hill, lle'r arbrofwyd â math newydd o dân-belenni shrapnel gan wneud lladdfa ar ugain mil o'r Gwyddyl. Hanner trŵp, sef rhyw ddeg ar hugain, o'r marchoglu hwn a gyrhaeddodd Gaernarfon o Gaer ar ddydd olaf Ionawr 1801, er cryn syndod i bobl y dref, a syndod arbennig i'r dyn a ddylai, o flaen neb, fod wedi derbyn rhagrybudd neu esboniad, gan mai ef oedd prif ustus heddwch lleyg dosbarth Caernarfon, un o dri dosbarth ustusiaid yr hen sir.

Edward Griffith oedd hwn, yn ddyn yn ei ddeugeiniau cynnar ac wedi bod yn ynad heddwch, meddai ef, ers 19 mlynedd; yr awdurdodau wedi gweld yn dda ei benodi yn ifanc iawn am ei fod o deulu cefnog ac i'w weld, ar un adeg beth bynnag, yn 'bâr diogel o ddwylo'; yn wir gallai fod yn un o benodiadau cyntaf y seithfed Arglwydd Bulkeley, a ddaeth yn Arglwydd Raglaw'r sir ddiwedd 1781, ac a fydd yn gymeriad blaenllaw iawn yn ein stori.[5] Yma fe ddylem gofio bod pwerau a chyfrifoldebau'r ynadon dan y ddeddf a thrwy arfer bryd hynny yn helaeth iawn. Yng ngeiriau R. T. Jenkins, y 'Cwarter Sesiwn oedd "Cyngor Sir" yr oes honno'. Yn y bwrdeistrefi, byddai'n rhannu'r swyddogaeth â'r gorfforaeth. Yn ogystal â gweinyddu'r gyfraith, a phennu'r dreth a sut i'w gwario, a rheoli ffyrdd, a thrwyddedu, fe allai'r ynadon, ymhlith llawer o bethau eraill, wneud argymhellion ynghylch prisiau a chyflogau – ffaith berthnasol i'n stori eto. Roedd Edward Griffith yn fasnachwr, wedi etifeddu busnes ac eiddo gan ei dad, Edward Griffith yr hynaf. Beth yn union oedd ei fasnach, rhaid imi gyfaddef imi fethu â darganfod; rwy'n meddwl mai bwydydd, ond anodd cael sicrwydd. Faint o sylw ac amser a roddai iddi sydd gwestiwn pellach; cyfeirir ato fel 'Edward Griffith *Esq.*' (nid *Merchant*) yn yr holl ddogfennau cyfoes, sydd fel rheol yn bur barticlar am y pethau hyn. Roedd yn byw ym Mhlas Bowman ers rhywdro yn y 1780au gan dalu rhent, ac yn treulio llawer o'i amser yn Llundain a mannau eraill. Roedd yn berchen fferm Coed Mawr, Rhosbodrual, a rhes o dai a siopau ar osod ym Mhenrallt, Caernarfon, a chanddo eiddo ym mhlwyfi Llanrug a Llanwnda a hefyd yn Eifionydd a Môn. Yn ei lythyrau mae'n cyfeirio ato'i hun fel 'Edward Griffith of Ymwlch', oherwydd eiddo'r teulu, wedi dod i'w dad drwy ei briodas, oedd Ymwlch Fawr ym mhlwy Llanfihangel y Pennant, Eifionydd, a stad fechan i'w chanlyn. Tebyg na fu erioed yn byw yno'n barhaol, ond mae rhai o'i lythyrau wedi eu cyfeirio o Ymwlch lle roedd cefnder iddo (o'r un enw ag ef) yn cadw pentiriaeth drosto. Roedd Edward Griffith wedi teithio, roedd yn sgrifennu Ffrangeg, yn hoff o'i dyfynnu ac yn cadw nodiadau ynddi, a chanddo dameidiau o ieithoedd eraill hefyd. Cawn ddweud ychydig yn nes ymlaen am ei gydnabod a'i gysylltiadau, cartref a chyfandirol.

    Rai blynyddoedd ynghynt roedd wedi bod yn amlwg mewn dwy ddadl gyhoeddus ynghylch Caernarfon, gan ddod yn arwr o ganlyniad i un, ac yn amhoblogaidd mewn rhai cylchoedd o ganlyniad i'r llall. Roedd a wnelo'r gyntaf â chodi pont dros Fenai. Bron hyd at y foment yn Awst 1819 pan osododd Telford y garreg gyntaf o sylfeini Pont y Borth, roedd gwrthwynebiad wedi bod i gael pont o gwbl, gyda phobl

Caernarfon, yn enwedig, yn ofni y byddai'n gwneud niwed i fasnach y dref. Ddechrau'r 1780au yr oedd cynllun, yn cael ei gefnogi'n frwd gan foneddigion Môn, i godi, nid yn gymaint pont, tua Phorthaethwy, ond math o argae, gyda fflodiat yn cau ac yn agor. Dyn a ŵyr sut y byddai wedi gweithio! Fe godwyd Edward Griffith mewn cyfarfod cyhoeddus yn gadeirydd ar fudiad i wrthwynebu hyn, bwriodd yntau iddi gydag egni arbennig, ac ennill yr achos drwy ddeisebu yn Llundain. Mae'n cofnodi'r croeso tywysogaidd a gafodd y noson y cyrhaeddodd yn ôl i Gaernarfon – tyrfa o 'filoedd' yn cyfarfod ei gerbyd er mwyn ei hebrwng adref mewn gorfoledd! Buddugoliaeth negyddol neu adweithiol, ddywedem ni amdani heddiw efallai: ond deilliodd o leiaf ddau beth cadarnhaol ohoni. Yn gyntaf fe gafwyd, yng nghyflawnder yr amser, ddwy bont lawer mwy esthetig rhwng Arfon a Môn. Yn ail daeth sylweddoliad fod mawr angen datblygu a gwella harbwr Caernarfon. Arweiniodd hyn yn y man at sefydlu Ymddiriedolaeth yr Harbwr, a gwyddom am bwysigrwydd hynny mewn creu canrif o brysurdeb a ffyniant yn y dref.[6] Cadeiriodd Edward Griffith y cyfarfodydd cyntaf a arweiniodd at greu'r Ymddiriedolaeth. Yr un blynyddoedd, dechrau'r 1780au, yr oedd corfforaeth Caernarfon yn cynllunio i gau tir comin yn ardal Rhosbodrual. Fel perchennog fferm yn cyffinio â'r tir hwnnw, fe wrthwynebodd Edward Griffith y cau. Ar yr un ochr ag ef yn y ddadl hon fe welwn enwau tirfeddianwyr fel Mr. Rice Thomas (Coed Helen, Caernarfon), Mr. Thomas Assheton Smith (Y Faenol), a Syr Watkin Williams Wynn, ill tri yn gaewyr tiroedd go brysur mewn amgylchiadau eraill, ac yn rhai na allai neb eu cyhuddo o fod yn weringarwyr eithafol. Ond tystia Edward Griffith iddo wneud yr hyn a wnaeth o gydymdeimlad â'r bobl gyffredin a fyddai'n colli'r hyn a ystyrid yn gynhaliaeth draddodiadol. Ar sail rhai pethau eraill a wyddom amdano, efallai y gallwn gymryd ei air. Fe aeth i gyfraith, yn dechnegol yn erbyn y maer, Richard

Howard. Unwaith eto fe enillodd, ac mae'n sicr iddo wneud gelynion ymhlith y bwrdeiswyr. A'r hyn sy'n hynod ynghylch Edward Griffith yw na fu erioed yn fwrdeisiwr o Gaernarfon, er ei fod yn drigiannydd mor amlwg a gweithredol, yn ynad heddwch yn bur ifanc, a'i deulu wedi byw yn y dref ers o leiaf genhedlaeth. Mae ef yn priodoli hyn i elyniaeth bersonol a gwleidyddol, byth oddi ar etholiad cyffredinol 1784, ar ran Iarll Uxbridge, fel maer a chwnstabl y castell (y ddwy swydd yn mynd gyda'i gilydd yn unol â'r hen arfer a barhaodd hyd at Ddeddf y Corfforaethau Trefol, 1835). Ac yn wir roedd y ffaith nad oedd Edward Griffith yn aelod o'r gorfforaeth yn dipyn o sgandal, mewn oes pan oedd Caernarfon, fel trefi eraill, yn llawn o 'fwrdeiswyr annhrigiannol', wedi eu stwffio i mewn gan un blaid neu'r llall am eu pleidleisiau. Yr hyn oedd gan Griffith, fel rhyw fath o wobr gysur, oedd bwrdeisiaeth yng Nghonwy, a oedd mewn perthynas 'gyfraniadol' (*contributory*) â Chaernarfon at ddiben hen etholaeth Bwrdeistrefi Caernarfon. Roedd yn ddyn digon hoff o restru ei swyddi, ei gyfrifoldebau a'i gampau, ac yn ei iaith fabwysiedig mae'n cofnodi iddo ddod yn '*un bourgeois de Conway*' ym 1781; sylwn ninnau fod hyn dair blynedd cyn y rhwyg tybiedig ag Arglwydd Uxbridge, a barodd ei wrthod yng Nghaernarfon fel y credai ef, ac efallai fod yma awgrym o un wedd ar ei natur. Yn sicr yr oedd y ffaith nad oedd yn aelod go-iawn o gorfforaeth Caernarfon yn cnoi ac yn brifo, ac fe ddaw hynny allan yn ystod helynt 1801 yn arbennig; yr oedd ganddo feddwl mawr o'i dref enedigol, ac ni ellir amau ei awydd i'w gwasanaethu. Yr un pryd yn union, tybed nad oedd ei gau allan o'r aelodaeth yn rhoi rhyw foddhad? Rhaid caniatáu peth felly wrth adrodd hanes Edward Griffith mewn mwy nag un sefyllfa.

§

Nid oedd gweld mintai o wŷr meirch yn cyrraedd 'i gadw'r heddwch' yn brofiad cwbl newydd i bobl Caernarfon. Yr oedd wedi digwydd o'r blaen ym 1795 pan anfonwyd rhai o'r Somersetshire Light Dragoons yno am y rheswm arferol, ofn terfysg ŷd. Os oedwn ychydig gyda digwyddiadau'r flwyddyn filain 1795, blwyddyn o brinder a chyni difrifol, o dynhau'r deddfau yn erbyn gwrthdystiad ac o wahardd cynulliadau o bob math (yn cynnwys Gorseddau Iolo Morganwg), down i wybod rhai pethau a'n helpa i ddeall yn well gymeriad Edward Griffith, ei sefyllfa ym 1801 a'i berthynas â rhai cymeriadau eraill. Mae gennym gofnod sesiwn arbennig o'r ynadon ar 6 Mai 1795, lle mynegwyd diolch i Henry Dupont Ysw. 'for his conduct and good behaviour as commanding officer of part of the Somersetshire Light Dragoons while stationed in the county of Carnarvon and the town of Carnarvon in particular', a diolch hefyd i'r 'serjeants, corporals and privates ... for their distinguished good conduct, order and sobriety.' Argymhellwyd fod pobl y dref yn agor cronfa rhag blaen i gyflwyno swm bach o arian i Mr. Dupont, iddo ef ei rannu fel y gwelai orau, fel cydnabyddiaeth o ymddygiad y milwyr. Ymddengys mai tri oedd yn bresennol yn y cyfarfod hwn: Richard Nanney, y Parchedig Hugh Davies Griffith (ficer Llanbeblig) a'r Parchedig Henry Williams, Pentir (yn y gadair). Nid oedd olwg o Edward Griffith: efallai fod rheswm da am hynny, fel y cawn weld yn nes ymlaen. Ond i gael syniad o'i agwedd ef gallwn droi at lythyr a ysgrifennodd ar 15 Chwefror 1801 at Capten Hooper, un o swyddogion Pedwaredd Gatrawd y Dragwniaid:

I had altogether forgot to say, that in 1795, cavalry (Somerset Fencibles) were sent here, and found us all astonished at their arrival. I was then supposed by ---- -- ------- to have applied for them to his Grace the Duke of Portland, whom at that particular juncture I had the honour of corresponding *directly* with, on public business of the county of Carnarvon, and there came an urgent recommendation from ------- -------- to persons in this town, that I should be prevailed upon to send the cavalry away. It turned out, that the commisioners of customs had applied for military aid, in consequence of information from the custom-house officers at Conway, that an attack had been made on a king's depôt, in that neighbourhood, by a number of the country people.

Yn y llyfr printiedig yn unig y ceir y llythyr hwn, a phetai gennym y llawysgrif tebyg y caem wybod enw pwy a gynrychiolir gan y llinellau. Fy nyfaliad yw mai Arglwydd Bulkeley. Yn sicr felly, nid Edward Griffith a alwodd y milwyr ym 1795; nid yw'n *dweud* mai ef a'u hanfonodd i ffwrdd, dim ond bod pwysau arno i wneud. Eto, fel y gwelwn mewn man arall, yr oedd yn sicr ei feddwl mai ef oedd achubydd yr heddwch ar yr achlysur hwn. Meddai mewn llythyr at Bulkeley, 1 Tachwedd 1800 : 'in the spring of 1795, I had the high gratification to preserve the district of Carnarvon free from turbulence, when tumultuous insurrections appeared in every other part of the county, in contemptuous defiance of the magistrates.' A'i ddiolch am hynny ? Cenfigen, meddai ef, gan ynadon eraill ; thema gyson yn ein stori.

Mewn troednodyn i'r llythyr at Hooper mae Griffith yn ymhelaethu : iddo ef gael ei alw i gadeirio cyfarfod yn Ystafell yr Uchel Reithgor, Caernarfon, ar 24 Ionawr 1795, a'i gyfarwyddo i anfon ymlaen at Ddug Portland, yr Ysgrifennydd Cartref ar y pryd, benderfyniadau'r cyfarfod, 'accompanied by a statement of the irregular proceedings which had recently taken place in the county of Carnarvon ; owing to a *back ground* system being acted upon, in derogation of the openly declared sense of the county in general ; which communications his Grace was pleased to attend to ; and wrote to Mr. Griffith several letters upon the occasion.' Beth oedd penderfyniadau'r cyfarfod hwn ? A beth oedd yr 'irregular proceedings' a'r '*back ground* system' ? Cawn ran o'r ateb mewn dyrnaid o lythyrau a aeth ôl a blaen rhwng nifer o ohebwyr yng ngwanwyn 1795, gyda'r cyfreithiwr Owen Anthony Poole, clerc y gorfforaeth a chynrychiolydd i farn a buddiannau'r Arglwydd Raglaw yn y dref, megis yn angor yr ohebiaeth. Mae pedwar pwnc i'r llythyrau hyn. Yn gyntaf, mesurau i gwrdd â phrinder bwyd, gyda Bulkeley'n anfon memorandwm manwl oddi wrth y Swyddfa Gartref at ynadon y sir ar ddosbarthu grawn a thalu amdano. Yn ail, paratoadau i ymladd yr etholiad a oedd yn nesáu, ac a ddaeth y flwyddyn wedyn, gyda Syr Robert Williams, hanner brawd Bulkeley, yn sefyll unwaith eto ; mae Rowland Williams, asiant Bulkeley, yn ddyfal wrthi'n ceisio darganfod bwriadau Arglwydd Penrhyn ac Arglwydd Newborough. Yn drydydd, cryn drafod ar 'pwy gawn ni ?' i lenwi amrywiaeth o swyddi eglwysig, lleyg a milwrol. Ac yn bedwerydd, dyfodol milisia'r sir. Y mater olaf hwn a ychwanegodd fwyaf at drafferthion Edward Griffith. (Yn rhyfedd, nid yw'r llythyrau hyn yn cyfeirio o gwbl at bresenoldeb y Somerset Fencibles yng Nghaernarfon ar yr union adeg.)

Cawn yr argoel cyntaf o anghydfod mewn llythyr at Poole gan Thomas Williams A.S., Llanidan, 28 Ionawr 1795, yn ei hawl fel dirprwy faer y dref o dan Arglwydd Uxbridge :

> I hear that H. Ellis, E. Griffith & J. Hughes are attempting to raise opposition to the increasing of the militia &ca. Let me know how that is, by a line to the Post Office, Chester ...

Yng ngolwg eu gwrthwynebwyr yr oedd y ddau glerc ynadon, ar yr adeg hon, yn ffurfio plaid gydag Edward Griffith : Hugh Ellis, clerc ynadon y dosbarth, a John Hughes, clerc ynadon y sir. Cefndir yr anghytundeb yw dadl a fu'n mynd ymlaen gydol y ddeunawfed ganrif ynghylch swyddogaeth y milisia ac yn wir y priodoldeb o gael corfflu o'r fath.[7] Mewn canrif a welodd ryfel ar ôl rhyfel yn erbyn Ffrainc, yn deyrnas i ddechrau ac yn weriniaeth wedyn, teimlid angen am unedau rhan-amser i gefnogi byddin reolaidd Lloegr. Cafwyd dau ateb, y cwmnïau milisia a'r gwirfoddolwyr lleol. Yr oedd gwahaniaethau pwysig rhwng y ddau, nid cwbl annhebyg i'r gwahaniaeth mewn oes ddiweddarach rhwng y Fyddin Diriogaethol a'r Gwarchodlu Cartref. Yr oedd y milisia o dan yr un ddisgyblaeth â'r fyddin ac yn derbyn cyflog, gellid eu hanfon i unrhyw fan yn y byd, ac yr oedd elfen o orfodaeth yn y broses o recriwtio drwy falot. Yr oedd y gwirfoddolwyr yr hyn a ddynodid gan yr enw, yn ddi-dâl ac yn gweithredu yn eu hardaloedd eu hunain yn unig. Dau brif beth a achosai anesmwythyd ynghylch y milisia (heblaw anesmwythyd yr aelodau eu hunain ar gyfrif y tâl gwael a'r driniaeth galed).[8] O'r naill du, yr oedd cof am yr hyn a ddigwyddodd o'r blaen pan oedd milisia'n rym yn y tir : fe gollodd brenin ei ben. Cofiai rhai o hyd mai byddin y senedd oedd y milisia yn ei hanfod, nid byddin y brenin, ac nid oedd y deddfau a basiwyd yn ystod y ddeunawfed ganrif yn gwrthddweud hynny. Yn gynyddol wrth ddod at ddiwedd y ganrif a thwf cyflym poblogaeth ddiwydiannol, ofnid y gallai gwŷr o ddosbarthiadau is gipio gormod o awdurdod drwy gyfrwng y milisia, ofnid swyddogion o dueddiadau radicalaidd ac amheuid milisyn cyffredin a oedd yn rhy hoff o ddarllen. O'r tu arall, yr oedd gwrthwynebiad cynghreddfol i'r elfen o orfodaeth. Ymhlith y trwch a oedd yn ddigon parod i weiddi hwrê pan enillai Lloegr fuddugoliaethau ar dir a môr, nid oedd, yn y cyfnod hwn, unrhyw orawydd i fod yn rhan o'r digwydd. Gyda dyfodiad democratiaeth y daeth y dylifo i fyddinoedd gan feibion teuluoedd cyffredin parchus, a hefyd y derbyn ufudd ar orfodaeth gyffredinol. Drwy'r ddeunawfed ganrif, mewn rhai ardaloedd o Loegr yn fwy na'i gilydd, ac mewn ambell fan yng Nghymru hefyd, ceir adroddiadau am dorri cyfarfodydd recriwtio gan dyrfaoedd dig, am gipio a dinistrio'r rhestrau a oedd wedi eu paratoi gan y cwnstabliaid, am ymosod ar swyddogion ac ar eu cartrefi, ac ymosod hefyd ar dafarnau lle'r oedd 'listio gwŷr'. Ceir digon o hanesion yn yr union gyfnod y mae a wnelom ni ag ef, canol y 1790au, yn ogystal ag o flynyddoedd cynharach, gyda'r milisiaid dan orchymyn weithiau'n taro'n ôl yn egr. O'r berw hwn daeth nifer o ddeddfau croes iawn i'w gilydd : deddf ym 1762 yn gwahardd recriwtio hyd y wlad yn y dull traddodiadol gan ringyll a drwmwr, ac yn gwahardd i filisia sirol godi gwŷr tu allan i'w sir ei hun ; deddf ym 1769, ar y llaw arall, yn gosod dirwyon trwm ar ynadon a'u clercod am fethu â chyrraedd targedau recriwtio, a hyd yn oed ar gwnstabliaid am fethu â 'gweud eu rhan' drwy gasglu dirwyon. Dilynodd deddf helaeth a manwl ym 1786, yn tynhau'r 'gofynion eiddo' ar gyfer bod yn swyddogion, ac ar yr un pryd yn eglurhau ac adnewyddu'r cyfyngiadau ar recriwtio, a oedd wedi eu gollwng dros dro ym 1780 :

> ... that if any person shall give orders to any serjeant, drummer or other person serving in the militia, to beat up in any city, town or place, for volunteers to serve in the militia, the person who shall give such orders shall, upon proof thereof, and of such beating up as aforesaid, upon oath, before any Justice of the Peace, forfeit and pay the sum of twenty pounds ; one moiety thereof shall be applied to the use of the person who shall make information thereof before any Justice of the Peace ; and if such serjeant, drummer or other person, shall refuse to declare upon oath, before such justice, from whom he received such orders, it shall be lawful for such justice, and he is hereby required, by warrant under his hand and seal, to commit such serjeant, drummer or other person, to the house of correction, for any time not exceeding three months.

Mae'n debyg mai'r ddeddf hon oedd carn Edward Griffith

pan benderfynodd, ddechrau 1795, gymryd cam mentrus. Yr oedd Bulkeley, fel Arglwydd Raglaw, yn awyddus i hyrwyddo polisi llywodraeth Pitt drwy godi cwmni ychwanegol o filisia yn Sir Gaernarfon, at yr un oedd yno eisoes gyda'r Capten (wedyn y Cyrnol) Richard Edwards, Nanhoron, yn bennaeth arno am flynyddoedd hir (1793-1838).[9] Barnai Griffith a'i 'blaid' y byddai cwmni o wirfoddolwyr yn fwy addas, a'r un pryd geisio cyrraedd rhyw darged mewn gwirfoddolwyr i'r llynges. Erbyn diwedd Chwefror 1795 yr oedd Bulkeley wedi cael achlust fod Griffith yn bwriadu arestio rhingyll a drwmwr am yr hyn oedd yn drosedd o dan ddeddfau 1762 a 1786, sef recriwtio'n afreolaidd. Dyma, mae'n debyg, yr 'irregular proceedings' y gwelsom gyfeiriad atynt. Yr oedd yr Arglwydd Raglaw'n hyderus fod ganddo ef awdurdod deddf ddiweddarach eto (1794), a gobeithiai yn ei galon y byddai Griffith yn mynd rhagddo a llosgi ei fysedd. Dim ond i'r cyhuddedig dyngu eu bod dan orchymyn Capten Edwards byddent yn sicr o ddod yn rhydd. Mae cyfarwyddiadau Bulkeley i Poole, ddydd olaf Chwefror, yn rhai manwl, gyda mesurau mewn llaw ar gyfer pob damwain :

I have the pleasure to tell you that I have found the Act of Parliament which authorizes me to give a beating order, the 34th of Geo. 3d, Chapter 47, 6th clause & refers to 34th of Geo. 3d, Chap. 16th, but I beg you will say nothing of it to any creature but Captain Edwards as I hope Ned Griffith & his party will prosecute me or imprison our drummer, [in] which case they will get into a fine scrape. I enclose a warrant which is drawn up in due form by my friend Lord Buckingham who gave the same in Buckinghamshire & he has left out the precise Act of Parliament & stated it generally only lest the warrant should be produced & give notice of the Act before these fall into the scrape we wish them to fall into.

Yr oedd Poole i lenwi'r bylchau yn y warant ac yna i osod, â gofal mawr, sêl yr oedd yr Arglwydd yn ei hamgáu. Erbyn 4 Mawrth gallodd Poole adrodd nid yn unig bod hyn wedi ei wneud ond bod y bennod drosodd. Fe arestiwyd y rhingyll a'r drwmwr drwy warant Edward Griffith i ymddangos o'i flaen ef, ond tystiodd y ddau fod ganddynt awdurdod Capten Edwards, a rhyddhawyd hwy. Nid aethpwyd ymlaen i erlyn y Capten na'r Arglwydd Raglaw (peth yr oedd Bulkeley wedi hanner ei ddisgwyl), ac ni bu sôn am y ddirwy o ugain punt. Rhaid na ofynnwyd ychwaith i'r ddau gyhuddedig ddangos gorchymyn ysgrifenedig y Capten, ond rhag ofn i rywun ofyn am hwnnw, awgrymodd Poole ychydig o ddoctora eto, newid dyddiad y gorchymyn fel ei fod cyn y trosedd, neu ynteu lunio gorchymyn newydd dan enw'r Capten gyda'r dyddiad priodol.

Nid thorrwyd crib Edward Griffith, ac ni ellir ond rhyfeddu at y mesurau a gymerodd. Dyma'i fersiwn ef, mewn nodyn yn y *Correspondence*, o sut y daliodd ar ei gyfeiriad :

Some of the Carnarvonshire magistrates took great umbrage at Mr. Griffith's conduct at the time alluded to. That conduct was, however, in conformity to a sense of a majority of the landed proprietors, declared at a county meeting, convened by the High Sheriff (and attended by him and the Lord Lieutenant), and also of the inhabitants at large, assembled in parochial vestries. It was then resolved, to come forward in aid of government by the raising of a corps of volunteer infantry, and by giving bounties to seamen to enter into the navy ; and *not* by raising an additional company to the county militia, the favourite measure of the Lord Lieutenant, supported with all his influence : influence exerted with uncommon activity, at first in a candid and manly manner, openly and honourably ; exerted still after defeat, Lord Bulkeley himself (to use his own words) keeping in the *back ground*. Upwards of eighty spirited young fellows were,

in the course of a few months, sent from Carnarvon (all
furnished with complete seaman's clothing) to the naval
rendezvous at Liverpool and Dublin.

Dyna dipyn o oleuni ar y *'back ground'*. Dywed Griffith ei
fod ef, ynghyd ag eraill o wyrda Caernarfon (yn cynnwys y
Capten Richard Garnons a'r Capten Edmund Crawley) wedi
mynd yn ddwfn i'w pocedi eu hunain gyda'r ymgyrch forwrol,
wedi talu am ddilladau i'r morwyr ymhlith pethau eraill.
Mewn llythyrau ym Mawrth 1795 at Bulkeley ac at William
Wyndham, yr Ysgrifennydd Rhyfel, mae'n hawlio canpunt o
ad-daliad, gan daro nodyn cyfarwydd, 'mwya'n y byd wnewch
chi i bobol, lleia'n y byd o ddiolch ...'. Yr oedd Bulkeley
wedi rhybuddio Wyndham ymlaen llaw rhag 'Mr. E.G.'s
machinations' a'i gynghori i beidio cymryd ei dynnu i mewn i
ohebiaeth gyda'r dyn yma. Wedyn anfonodd Bulkeley gopïau
at Poole o ohebiaeth Griffith â'r Ysgrifennydd, a ddarllenwyd
gyda mawr ddifyrrwch, meddai Poole (17 Mawrth 1795), gan
ffrindiau'r Arglwydd Raglaw yng Nghaernarfon.

Nid mor ddigri yr hyn sydd gan Poole i'w adrodd nesaf
yn yr un llythyr :

> He continues to exercise his talent of opposition by visiting
> the different houses in person & by his emissaries very
> frequently to induce the publicans to refuse receiving the
> recruits, but he has met with little success, and should
> any of them be influenced by him they will be to be pitied
> for being so deluded.

Amlwg i Griffith hel cefnogaeth ar ddau wastad, ymhlith y da
eu byd drwy'r 'cyfarfod sirol' ac ymhlith y cyffredin drwy'r
festrïoedd plwy, a allai weithiau fod yn gyfryngau effeithiol
i lais y wlad yn yr oes ddi-bleidlais honno. Gwelai Poole y
perygl yn glir, a mynega'r hyn oedd yn bryder cyson i bobl
mewn grym :

... their cabals at the different parish vestries which Mr. E.G. caused to be convened might have given the populace a notion that their power is greater than it ought to be, and I am by no means certain that the idea has not already prevailed.

Ar 12 Mawrth dywed Bulkeley wrth Poole fod rhaid bodloni ar gwmni milisia o drigain yn hytrach na phedwar ugain. Y rheswm y mae'n ei roi yw bod y tanysgrifiadau tuag at gynnal y cwmni'n araf yn dod i mewn. Ond ni ellir llai na thybio i ymgyrch Edward Griffith gael cryn lwyddiant. Yr oedd cyngor Poole i Bulkeley (21 Mawrth) yr un yn union â chyngor Bulkeley i Wyndham, dyfais seml ond effeithiol gwŷr y Sefydliad o oes i oes ac mewn sawl sefyllfa, sef peidio ag ymateb :

> Mr. Edw. Griffith evidently uses every possible stratagem to lead yr. Lordship into a correspondence with him so as to give you as much plague & trouble as he can. I am therefore of opn & so are the rest of yr. Lordship's friends here that the answer to his lre [= letter], if it deserves any, cannot be too concise, & that it shod be such as will, if possible, preclude further correspondence upon the subject, possibly that might be effected if your Lordship were merely to acknowledge his lre, stating that it contains an application apparently irregular as directed to you, that as committees are approved by the subscribers for augmenting the naval & militia forces it wod be wrong to interfere with either & that the regular way seems to be by an application from the one committee to the or [= other].

Mae Griffith, meddai Poole, eisoes wedi cael £73, ac mae ar fai yn defnyddio enwau rhai eraill o reolwyr Cronfa'r Llynges yng Nghaernarfon i gefnogi ei gais ei hun.

Rhwng popeth, fe welir fod 'Mr. E.G.' neu 'Ned Griffith' yn 'dipyn o boendod i'r rhai sy'n credu mewn trefn'. Yr oedd

yn rhaid gwneud rhywbeth, ac erbyn 5 Ebrill yr oedd yr
Arglwydd Raglaw'n weddol sicr yn ei feddwl pa beth oedd
hwnnw. Sgrifenna at Poole :

> In case I find it adviseable for reasons which you may
> guess at to apply for a new commission of the peace I shall
> be obliged to you to send me a list of gentlemen hitherto
> omitted & who you think ought to be remembered in the
> next. If the magistrates who have refused to act with Mr.
> Edward Griffith could be prevailed on to request me to
> apply for a new commission & leave him out it would
> strengthen my application to the Chancellor and make
> the cause a common one between them and me : do
> sound them on this subject.

Erbyn 26 Ebrill gall Poole adrodd ei fod wedi cymryd camau
i wneud ewyllys yr Arglwydd. Mae peth cefnogaeth, ond peth
petrustod hefyd :

> I drew up a paper on the Quarter Sessn day to be signed
> by the magistrates soliciting yr Ldship to put an end to
> Mr. E.G.'s power as a Justice of the Peace & it has (?)now
> been in circulation for signatures, it yesterday had the
> names of 5 & was sent to Mr. Williams of Pentir who was
> to get it signed by Mr. Kyffin & afterwards forwarded to yr.
> Lordship. ... The exclusion of Mr. E.G. is a measure which
> I believe every magistrate in the coy [= county] except
> one will rejoice at, but some of them entertained an idea
> if they signed an application to have him excluded they
> wod be liable to an action and consequently were afraid
> of signing it, but I imagine there will be no occasion to
> make the contents of the paper known to Mr. G. or indeed
> to let him know that such a paper is in existence.

Oedd, yr oedd Edward Griffith yn dra ymwybodol fod rhyw
'*back ground* system', chwedl yntau, ar waith. Ond prin y
gwyddai, ar y pryd, hyd a lled y cynllwynion yn ei erbyn.

Cafodd wybod yn y man, drwy Arglwydd Newborough, meddai ef. Wrth sgrifennu ar 22 Mai cred Bulkeley fod pethau'n dod ymlaen yn foddhaol. Yn wir gwelwn ei fod yn sôn am beth newydd, sef achos llys yn erbyn Griffith :

> I am given to understand the prosecution against Ned Griffith goes on most happily; he called upon me in London but I never returned his visit. I have been told John Hughes meditates a flight to Ireland & that he never was so low in character or fame. ... The event of the trial will decide me about a new commission or a cold seal & I am advised to wait a little with that view.

Beth yw hyn am 'the prosecution against Ned Griffith'? Gadawn i Ned ei hun esbonio, mewn nodyn yn y *Correspondence* eto :

> Notwithstanding, one of the magistrates thought fit to ascribe to Mr. Griffith improper motives, and even to term him a disturber of the public peace. An early opportunity was taken for an explanation, and, unhappily, the former gentleman, choosing to avow and maintain with acrimony, *and with insolence intolerable*, the harsh aspersions which he had made use of, drew thereby upon himself instant correction (nose pulled), for which he took the law. The proceedings trailed on until the Summer Great Sessions 1797, when it was proposed, by common friends, that the affair should be adjusted by mutual public apologies. In consequence, Mr. Griffith declared to the court that he felt concern and sorrow for the assault, although the provocation had been gross and outrageous ; and the prosecutor declared to Mr. Griffith, that he had asked his pardon for having given him provocation. Under these circumstances, it was the opinion of the court that the justice of the case would be fully answered by imposing upon Mr. Griffith a fine of *sixpence* ; and each party paid his own costs.

Y Parchedig Henry Williams, Plas Pentir, rheithor Llandwrog, oedd yr ynad arall. Ac o droi at ddogfennau'r Sesiwn Fawr fe gawn beth cadarnhad o'r hanes echrydus.[10] Cawn eiriau cyhuddiad a wnaed ar 10 Awst 1795 o flaen dau farnwr, John Anstruther a Thomas Potter, yn erbyn 'Edward Griffith, late of the parish of Llanbeblig', ei fod, ar 1 Ebrill yr un flwyddyn, wedi arfer trais yn erbyn trwyn cyd-ynad ac yn erbyn heddwch ei Fawrhydi : 'with force and arms at the parish aforesaid in the county aforesaid in and upon one Henry Williams Clerk (then being one His Majesty's Justices of the Peace in and for the said County of Carnarvon) ... did make an assault and then and there unlawfully violently and forcibly an[d] with his hands and fists did bruise and wound the nose of the said Henry Williams and other wrongs ... so that his life was thereby greatly despaired of and other wrongs to the said Henry Williams.' Dywed yr un ddogfen fod Edward Griffith, trwy ei gyfreithiwr, John Hughes, wedi pledio'n ddieuog. Galwyd a rhestrwyd rheithgor. Ceir wedyn nifer o warantau yn ystod 1796-7, i'r siryfon ymorol fod Edward Griffith yn ymddangos yn y llys. Tawedog yw'r cofnodion ynghylch terfyn yr achos, ac nid oes inni ond cymryd gair Griffith. Daeth heddwch, os nad cusan tangnefedd, rhwng y ddau ynad, ac o leiaf nid aeth yn 'ddau bistol gyda'r wawr', fel yr aeth yn y man rhwng y ddau weinidog llywodraeth, Canning a Castlereagh. Ond un o effeithiau'r achos hwn, fel y gwelwn, fu arafu camre'r Arglwydd Raglaw yn ei ymgais i ddiswyddo'r ynad anystywallt. Aeth yr wythnosau rhagddynt, a Bulkeley'n disgwyl gair yr Arglwydd Ganghellor yn cadarnhau'r diswyddiad, ond hwnnw ddim yn dod. Mae hefyd y pryder y gall Griffith fod yn fwy peryglus tu allan i'r gorlan na thu mewn. Deil y Rhaglaw'n ddifaddau ar 15 Gorffennaf, ac mae'n werth dal sylw ar un neu ddau o'i eiriau :

> There is really no end of attending to the Jacobin lies of
> Ned Griffith & John Hughes and if people are biassed by

such men's asseverations they must be very weak or very ill disposed before.... *His business* rests with the Chancellor from whom I have for some time past expected an account of the conclusion of it. The delay is therefore not with me but with him. When he is *unjusticized* he will be more harmful after a time tho' not at first. I have volumes of letters from him not one of which have I answered and I have shewn him I wish to have no intercourse of any sort or kind and he knows it.

Jacobin, ai e? Dyna ddefnyddio'r gair. Ond am y mater o 'ddad-ynadeiddio' Ned Griffith, rhyw chwythu ei blwc a wnaeth – y tro hwn. Ddechrau Awst cafodd Bulkeley wybod, yn anuniongyrchol, fod yr Arglwydd Ganghellor (Arglwydd Loughborough), ar ôl addo i ddechrau daro allan enw Griffith â'i law ei hun, wedi newid ei feddwl ac nad oedd am wneud. Yna trodd golygon 'plaid y Rhaglaw' am ysbaid at John Hughes. Os am gael comisiwn newydd, torri Edward Griffith allan a chael rhywun newydd yn ei le (nid oedd prinder gwŷr cymeradwy), nid addas fod Hughes yn dal yno fel clerc yr heddwch. Sgrifennodd Bulkeley yn bersonol at 'Mr Lewis of the Hermitage', meddwl y gallai hwnnw drafod gyda John Hughes y posibilrwydd ei fod yn ymddiswyddo yn gyfnewid am swm penodol o arian. Ynad ym Môn oedd John Lewis, the Hermitage, Biwmares; ym mha hawl y gallai ddwyn y genadwri hon sydd dipyn o ddirgelwch. Ond ni fynnai Mr. Lewis fod yn negesydd, a hyd y gwyddom ni ddaeth dim o hyn chwaith.

Yr ydym wedi sôn am beth arall a oedd yn gyfeiliant i bob trafod yn ystod yr un misoedd, sef y prinder bwyd. Darllenwn am Arglwydd Bulkeley'n mynd ei hun ac archebu llwyth llong o ŷd gan fasnachwyr o Gymry yn Cornhill, Llundain, i'w anfon ar frys i Sir Gaernarfon a thalu amdano wedyn o gronfa arbennig dan ofal yr ynadon yno. Sonnir am wŷr bonheddig Llŷn ac Eifionydd yn amharod i rannu eu cyflenwad ŷd â chymydau eraill. Cwynir fod Arglwydd Penrhyn a Mr. Assheton Smith yn gyndyn o gyfrannu at y gronfa sirol i gwrdd â'r argyfwng. Ac ar 25 Gorffennaf 1795 dyma lythyr byr at Hugh Ellis, clerc ynadon Caernarfon, gan John Jones, gŵr bonheddig a bargyfreithiwr o Gelliwig, Botwnnog yng ngwlad Llŷn.[11]

> Dear Sir,
> The people of Aberdaron are in great distress for want of corn, & I fear an insurrection may be the consequence. I wish you cd. spare us ten peggets of corn at 2ss a pegget & I'll send for it immediately & you'l have the money at the same time. Lord Bulkeley, the Bishop &c (?)intended that this pt. of the country shd. in some degree partake of the bounty & I hope you'l not deny us. I beg yr. answer by return of post tht. I may communicate it to the Aberdaronians.
> Yours, J. Jones.

Fe gawn glywed am John Jones eto.

§

Rhwng canol 1795 a diwedd 1800 yr ydym yn brin o dystiolaeth i ddangos sut yr oedd pethau rhwng Edward Griffith, ei gefnogwyr a'i wrthwynebwyr. Ond rhaid bod olwynion cymdeithas wedi dal i droi. Ar Galan Gaeaf 1800 mae'n amlwg ei fod ar delerau gohebu ag Arglwydd Bulkeley, ac yn wir yn gofidio na bai wedi gallu croesi 'dyfroedd y gynnen' ('the waters of strife') i gyfarch gwell yn Baron Hill cyn i'r Arglwydd ymadael am Lundain unwaith eto. Mae hyn yn cadarnhau nad oedd Griffith eto'n llawn amgyffred cymaint o dân oedd efar grwyn Bulkeley a'i wasanaethyddion. Pa fath groeso y byddai wedi ei gael tybed? Dau brif beth sydd ganddo i'w hadrodd yn y llythyr hwn. Yn gyntaf, bod nifer o gyfarfodydd wedi eu cynnal yng Nghaernarfon yn ddiweddar, 'to consider the best means to reconcile our poor countrymen to their situation'. Dyma daro nodyn cyffredin yn sylwadau pobl o ddylanwad a phobl weddol dda eu byd yn y cyfnod hwnnw o gyni: rhyw gymysgedd o dosturi ac ofn gwrthryfel; fe ddywedai'r sgeptig, efallai, mai'r ail sydd bwysicaf. Gwelsom yr un peth yn llythyr John Jones ar ran yr 'Aberdaronians'. Ac wrth gwrs dyma'r cyfle i atgoffa'r Rhaglaw o lwyddiant Edward Griffith yn cadw'r heddwch ym 1795. Yr ail fater yw cyflwr y gwirfoddolwyr lleol. Erbyn hyn yr oedd sawl cwmni o'r rhain yn y sir. Ar y naill du yr oedd 'The Penrhyn Volunteers', cwmni bychan yng nghylch Bangor dan reolaeth y Capten John Jones. Ar y tu arall yr oedd gan Arglwydd Newborough ei gwmni ei hun ym mhlwy Llandwrog, 'The Loyal Newborough Volunteer Association'. Ac yng Nghaernarfon ei hun, 'The Carnarvon Volunteer Association', cwmni o hyd at gant dan arweiniad y Capten Richard Garnons, swyddog ymddeoledig yn ei drigeiniau, cymydog i Edward Griffith yn yr hen dref, ei gartref ym Mhlas Llanwnda, Stryd y Castell, ddau funud o Blas Bowman. Mae brwdfrydedd Griffith dros y gwirfoddolwyr llawn cymaint â'i wrthwynebiad gynt i'r milisia. Efallai bod hyn dipyn yn anodd i ni ei ddeall, ond dyma fel y gwelai hi: 'Mr. Garnons, the commandant, has been this morning *particularly requested* to call out the volunteers, which has not been done, I have learnt with surprise, for a long time. That the Foresters of Snowdon should have so *cold* a *stream* of British blood flowing in their veins, is passing strange and wonderous pitiful; but they must, and shall be roused.'

Ychydig ddyddiau yn ddiweddarach (12 Tachwedd 1800) mae gan Edward Griffith rywbeth o bwys i'w adrodd wrth yr Arglwydd Raglaw. Dyma'i lythyr yn gyfan:

MY DEAR LORD,

I have the honour to acquaint your Lordship, that on Friday last (7 Nov.) at one o'clock, a man deputed, as he said, from bodies of quarrymen and miners, and others, came to my house, and delivered me a letter, of which enclosed is a copy (No. 1).

I did not fail to represent to this man the gross impropriety of the latter part of the letter. I informed him, that the magistrates had already anticipated his representations in every practicable point, and I produced to him the agreement entered into by the maltsters and dealers in corn, a copy of which is enclosed (No. 2).

I also evinced to him the erroneousness of the conceptions which those who had sent him entertained, with regard to the remaining part of their complaints.

After this deputy had left me, I was informed by a gentleman of the town that a rising had taken place in the morning at Lord Penrhyn's quarry ; but he supposed, from the persuasion of the agent, all had been quieted.

I went immediately to Mr. Garnons, and again pressed him on the subject of the volunteers being duly called out ; and expressed my concern, that the Thursday (one of the two days in the week the muster used to be on) had passed over without any effort.

It was owing to the drum having beat on Monday to very little purpose, and to his intention to send the serjeants to each volunteer respectively, to summon him for the ensuing Monday. Mr. Garnons fully coincided with me, that the circumstances we were in rendered the assembly of the volunteers a matter of the first necessity.

About four o'clock, the space in the street opposite my house was filled in an instant by a number of men from the country, about one hundred and fifty, as I have learnt since, armed with bludgeons. They stopped a minute or two as if to deliberate ; and, on some of them knocking at my door, I opened it to them myself, and, not to make my narrative too tedious to your Lordship, repeated to those of them nearest to me, and nearly in the same words, what I had before told their deputy; and engaged them, in the most earnest manner I could, to quit the town immediately, and return to their homes, which they promised me, unreservedly, to do.

Finding, however, in the course of the evening, that the mob remained in town, with circumstances of peculiar aggravation, and being also aware that there were not wanting among the town's people of their partizans and abettors, I judged it necessary to send the letters to the commandants of the Newborough and Carnarvon volunteers, the sheriff of the county, the bailiffs of the town, and my brother magistrate, of which are copies (No. 3, 4, 5, 6 and 7).

I took every means in my power to be made acquainted with the proceedings and measures of the mob during the night, and in the early part of the morning I had the gratification to find a great degree of alacrity and determination pervade the friends of order; and to Capt. Garnons and Mr. Glynn Griffith, the town is much indebted. (Mr. Poole, and some others, whom we might have looked up to, were, unfortunately, out of town.) The answers which I have received in writing to my applications are sent enclosed (No. 8 and 9): those verbally were equally acceptable and encouraging.

Every practicable measure that our judgement could suggest to us was taken to repel, with vigour and effect, any actual commission of plunder or outrage; and, God be praised! such was not required. The forenoon, and the market hours, though passed with alarm, yet elapsed without disturbance and excess; and afterwards this proud assemblage of daring rioters, disappointed in their hopes of assistance from without, and of open countenance and relief from within, slunk away in disjointed, dispirited, and contemptible parties. The letter, of which is a copy

(No. 10) I did not think proper to act upon; and I have a peculiar pleasure in stating, that notwithstanding the circumstances we were placed in, the regular business of the market, the shops and public-houses did not suffer a moment's interruption. We only thought it a proper measure to circulate the hand-bill enclosed (No. 11). The letter, of which is a copy (No. 12) from one of Lord Penrhyn's quarry agents to a tradesman in this town, shews the malignant disposition of the rioters; but if your Lordship should be inclined to have any estimation of my opinion, I would say, they are not in future to be dreaded, for we shall get more and more prepared for them; and on that score, I take occasion to acquaint your Lordship, that on Monday (10th) there was a deliberative meeting at the Town Hall, of all the volunteers, which I thought it my duty to attend (as being their townsman and magistrate) and where the result was perfectly consonant to my wishes. There are, however, not wanting among us *Alarmists*, who have desired me to apply for a small detachment of cavalry; but on such steps your Lordship's judgment will much better decide. May I hope that my humble efforts for the maintainance of the peace of this town, on the late occasion, will receive the honour of your Lordship's approbation.

I remain, always respectfully,

My dear Lord,

Your obedient,

Faithful servant,

EDW. GRIFFITH.

Fe welir bod nifer o bethau diddorol ac awgrymiadol yn y llythyr, ac un neu ddau o bethau hefyd y byddai'n dda calon gennym gael mwy o esboniad arnynt. Er nad yw Edward Griffith yn fwrdeisiwr, mae eto'n 'townsman', chwedl yntau, a'r tro hwn ni all beidio â siarad fel un o 'Hogia'r Dre'. Ar yr adeg hon yr oedd poblogaeth Caernarfon yn prysur ddringo o'r tair i'r pedair mil, a mwy bellach yn byw tu allan i furiau Edward I na'r tu mewn. Ond erys paranoia tref fechan, sydd hefyd yn dref gaerog, ynghylch y gweithlu diwydiannol agosaf. Gwelwyd hwnnw hanner canrif ynghynt, pan ddaeth tyrfa o chwarelwyr y Cilgwyn a Moeltryfan i'r dref i alw am fwyd, a'r dydd yn diweddu mewn lladd dau a charcharu nifer.[12] Fe'i gwelwyd wedyn mor ddiweddar â 1910, pan farnodd rhywrai fod rhaid amddiffyn y dref rhag y chwarelwyr a ddeuai i gefnogi Lloyd George ar noson etholiad.[13] Bu'n arfer gennym gredu mai ym 1825 y gwelwyd y streic gyntaf am gyflogau yn Chwarel y Penrhyn, ond mae'n rhaid mai rhywbeth felly oedd y 'rising' y cyfeirir ato yma, er mai am un bore yn unig y parhaodd. Gwyddom fod rhai gweithwyr wedi eu diswyddo o ganlyniad i'r digwyddiad, ac mai dyma hefyd y pryd y rhoddwyd rhai ar waith yn adeiladu'r rheilffordd o'r chwarel i borthladd Abercegin. Ond ni wyddom am ba beth yn union y gofynnodd y chwarelwyr; yn ofer y chwilir yn ysgrifeniadau helaeth William Williams, er enghraifft. A beth oedd cais y chwarelwyr i Edward Griffith? O na bai gennym gopi o'r ddeiseb (y 'rhif 1' yn ei restr), a hefyd o'r daflen a gylchredodd ef ('rhif 11'). Ymddengys oddi wrth ail baragraff y llythyr mai cais ynghylch prisiau bwyd ydoedd, ac oddi wrth lythyr diweddarach bod a wnelo â chyflogau yn ogystal. Dyfalwn hefyd i'r un cynrychiolydd i ddechrau, a'r dyrfa wedyn, guro ar ddrws Plas Bowman gan ddisgwyl peth cydymdeimlad. Fe gawsant *beth*. A gwelwn yn nes ymlaen fod cydymdeimlad y prif ynad yn helaethach nag a fynegodd ar y pryd. Dadlennol yw pryder Edward Griffith fod i'r ymwelwyr eu 'partizans and abettors' ymhlith y trefwyr; mae hyn i'w gofio pan fydd 'dinasyddion amlwg' y dref, ychydig wythnosau'n ddiweddarach, yn hawlio bod yno unfrydedd o blaid cyfraith a threfn. Am y gwirfoddolwyr, digrif yw'r ffaith na chyffrôdd yr un ohonynt ar alwad y drwm ddydd Llun, a bod rhaid i'r Capten Mainwaring o Blas Llanwnda anfon negeswyr i'w hatgoffa fesul un cyn y dydd Llun nesaf! Serch hynny deil Edward Griffith yn ffyddiog y bydd y gwirfoddolwyr yn gyfartal â'r galw os cyfyd rhyw helynt eto. Am hynny nid yw'n rhy awyddus i wrando ar yr *alarmists* (term cyffredin yn ysgrifeniadau'r oes, bron nad yw'n dynodi plaid), sy'n credu y dylid galw am wŷr meirch. Yng ngoleuni digwyddiadau diweddarach, arwyddocaol yw ei fod yn fodlon pwyso ar farn y Rhaglaw yn hyn o beth.

Ddeuddydd yn ddiweddarach (14 Tachwedd 1800), gall Griffith sicrhau'r Rhaglaw, 'the most perfect tranquillity now exists in this district'. Gall adrodd â boddhad hefyd fod gwirfoddolwyr y dref wedi troi allan ar y llain fowlio, 'and a handsome appearance they made' er bod llai na'u hanner yn bresennol. Bu tipyn o drafodaeth rhyngddo a Garnons pa un fyddai orau a diogelaf, cadw arfau'r gwirfoddolwyr gyda'i gilydd yn nhŷ'r Capten ynteu pob un i gadw'i arfau ei hun. Ymhlith amryw dameidiau o newydd, mae 'gwybodaeth gudd' a ddaeth trwy Garnons, fod gof yn Llanberis yn gwneud picellau (*pikes*) 'for improper persons', a'r rheini'n eu cuddio. Yr oedd cryn ddefnydd o'r bicell o hyd ym mrwydrau'r cyfnod, ac er nad oedd mo'r arf mwyaf difaol a ddyfeisiwyd hyd at hynny yr oedd rhyw fath o rym symbolaidd iddi; mewn lluniau o wythnosau cyntaf y Chwyldro Ffrengig gwelwn fforest o bicellau, ac mewn un darlun adnabyddus, dwy ohonynt yn cario pennau gwarchodwyr y brenin wedi'r ymosodiad ar Versailles. A dyma'r faled Wyddelig boblogaidd am frwydrau 1798, yr union frwydrau y daeth y Dragwniaid i Gaernarfon o'u canol:

> 'I bear ordhers from the captain,
>   Get you ready quick and soon,
> For the pikes must be together
>   At the risin' of the moon ...

'One word more – for signal token
Whistle up the marching tune,
With your pike upon your shoulder
By the risin' of the moon.'

Fel y cawn weld, nid dyma'r stori olaf am y *pikes*. Cawn glywed am gyfraniad Arglwydd Newborough tuag at gadw'r heddwch yn yr argyfwng diweddar, sef martsio rhwng deg ar hugain a deugain o'i wŷr o Landwrog i'r Bontnewydd i droi'n ôl. Clywn hefyd fod 'Mr. P.W.' – mae bron yn sicr mai'r Parchedig Peter Bailey Williams, rheithor Llanrug a Llanberis, oedd hwn – wedi gweld y 'mob', tyrfa o ryw gant a thrigain, yn oedi am awr ger ei gartref ar eu hymdaith tua Chaernarfon ; a bod 'Mr. Mills of Macclesfield' wedi darbwyllo mwyngloddwyr Llanberis rhag ymuno â hwy. (Abraham Mills, gŵr a fu'n cloddio am fwynau mewn amryw leoedd yn Eryri, oedd ef.[14]) Ond o bopeth a adroddir yn y llythyr hwn, dyma'r rhagargoel pwysicaf o bethau i ddod :

------- ------- is so much of an *Alarmist*, that he yesterday morning told me, if I would not write for the military he would, and not only to General Nicolls at Chester but also to the Duke of Portland, and to your Lordship.

If we can dispense with the appearance of the military, it is sure devoutly to be wished ; for, unquestionably, to take in view but one consideration, they will render the present scarcity of corn and provisions more and more sensible in this barren land.

(Unwaith eto y fersiwn brintiedig yn unig sydd gennym, ond casglwn oddi wrth lythyrau diweddarach mai un o'r cyd-ynadon, Rice Thomas, Coed Helen neu y Parchedig Henry Williams – dyn y trwyn – a gynrychiolir gan y ddwy linell.)

Am ddeufis wedyn, hyd ddiwedd Ionawr, cawn Griffith

a Bulkeley'n gohebu fel dau hen gyfaill na bu unrhyw ddrwg rhyngddynt erioed, gan fynd drwy'r mosiwns o gyd-foesymgrymu cystal ag unrhyw ddau gymeriad yn nramâu eu cyfoeswr R. B. Sheridan (tipyn o arwr gan Edward Griffith). Erbyn 18 Tachwedd mae'r Arglwydd Raglaw wedi cysylltu â'r Ysgrifennydd Cartref, Dug Portland, gan amgáu dogfennau Griffith, 'and begged his Grace to allow me to mark to you and the Volunteers of Carnarvon and Newborough &c the King's sense of your judicious, manly and temperate conduct on the occasion of a menacing and serious disturbance at Carnarvon on the 7th.' Soniodd Bulkeley wrth y gweinidog hefyd, er mai 'misguided people' oedd y deisebwyr, fod peth sylwedd yn eu cŵyn am gyflogau bychain : 'and I shall thank your Grace to recommend to me some measures to be by me adopted, to remedy, if possible, their grievances'. Efallai nad yn gwbl ofer gan hynny yr ymdeithiodd y fintai chwarelwyr i Gaernarfon y pnawn Gwener hwnnw. Diddorol, yng ngoleuni pethau diweddarach, yw'r frawddeg : 'I could wish any cavalry or other assistance may not be found necessary ; but if it is, those of Chester must be applied for.' Mae Griffith yn sgrifennu ar yr un diwrnod fod pethau'n dal yn dawel, er y bu'r helynt yn chwarel y Penrhyn yn eithaf difrifol. Nid oes dim anfodlonrwydd yn ardal Llanberis, ac nid yw Mr. Mills am dderbyn unrhyw glod am gadw'r heddwch. Ac mewn ôl-nodyn : 'With regard to the pike story, it has turned out to be quite a gudgeon'.

    Ar 23 Tachwedd mae Griffith wedi derbyn geirda Bulkeley, a thrwyddo ef ganmoliaeth arbennig gan Portland : 'The firmness and ability with which Mr. Griffith discharged his duty as a magistrate upon that occasion entitle him to the highest commendation'. Mae yntau'n ateb o Ymwlch :

The warmth and friendship in which is expressed your Lordship's opinion of my conduct, in the late disturbance at Carnarvon, it is impossible for me not to be affected with. To say that I neither wished nor expected an expression of approbation on that occasion, would be an abominable affectation in me (perhaps so much so, as the *nolo episcopari* of some of our R.R. Friends). It has been from my earliest days a predominant sentiment in me, that *laudari a viro laudato* was one of the most pleasing circumstances in life.[15]

With regard to what your Lordship has done me the honour to transmit of the Duke of Portland's sentiments, believe that I appreciate properly such distinguished notice.

Ond nid yw wedi anghofio rhai pethau eraill :

As to Evionith, your Lordship can hardly conceive the distress of the poorer class, not from want of money, but from want of meat! Happy, thrice happy I am, to have now come to this part of the county; for even the inconsiderable produce of my own farm, which shall immediately come to market, and be sold at the very lowest market price, is (a thing hardly credible) several times as large as the whole weekly market supply, such is the scarcity! when the poor people come forward and club their little stores of hard, hard earnings, to purchase an *hobed* amongst them (the rule of the market in Penmorva being to sell peel-corn by *hobeds*, or half quarters). Your Lordship will easily believe the degree of general satisfaction my intentions (as I have learnt from a number of persons) have diffused; and does not that, my dear Lord, shew clearly the genuine sentiments of our poor countrymen? They wish only – and heavens! that we live at a juncture when it is so – to have for their ready money (the reward of their patient, honest industry) a sufficient quantity of food to sustain nature with !

Ac yn ei lythyr nesaf (29 Tachwedd) mae'n bur llawdrwm ar ffermwyr eraill Eifionydd am ddal ar y grawn gan ddisgwyl i'r pris godi – yr hen, hen stori.[16]

Tasg bleserus Edward Griffith yn awr yw cyfleu i Capten Garnons werthfawrogiad cynnes y ddau Arglwydd o gyfraniad y gwirfoddolwyr, fel y gallo yntau adrodd wrth ei fyddin. Fe anghofiodd yr hen ddyn, a bu raid i Griffith ei atgoffa yn nes ymlaen. O hyn hyd ddiwedd y flwyddyn, ac am fis o'r flwyddyn newydd, fe ellid tybio mai'r peth pwysicaf gan yr Edward Griffith newydd yw meithrin y berthynas â'r gwirfoddolwyr a chodi eu hysbrydoedd. I'r diben hwn rhoddodd 'ginio cartrefol' iddynt ar ddydd pen blwydd Bulkeley, cyfle i yfed iechyd da Dug Portland ac yntau. 'It were a consummation devoutly to be wished, that we had a few more convivial meetings of the sort during the season. The officers agree with me thoroughly herein.' Yn wir, cystal yr aeth y diwrnod fel bod Griffith (19 Rhagfyr) yn cynllunio achlysur mwy mawreddog eto. Yn nhŷ Capten Garnons mae baner a roddwyd i'r corfflu gan yr Arglwydd Raglaw, a chred Griffith ei bod yn hen bryd ei chyflwyno'n gyhoeddus fel rhan o ddiwrnod arbennig. 'If I know aught of men and manners, these colours would serve effectually as a rallying-point for the friends of the laws, the magistracy, the country, and the king, if no longer suffered to moulder in the store-room, but displayed, on the regular parade days, in the face of heaven !' Pledio tlodi a phrysurdeb y mae Bulkeley (23 Rhagfyr) pan awgrymir y gallai ef ddod draw i Gaernarfon i gyflwyno'r faner ; pe gellid gohirio'r 'diwrnod llawen' tan yr haf, hwyrach y gallai ddod. Y dewis arall fyddai cynnal yr achlysur oddeutu 18 Ionawr, pen blwydd y frenhines, gyda Miss Garnons, merch y Capten, yn cyflwyno'r faner, cyfraniad bach gan yr Arglwydd Raglaw at fwyd a diod y gwirfoddolwyr llai cefnog, ac ychydig eiriau pwrpasol gan Mr. Edward Griffith fel prif ynad. Ar ddydd olaf y flwyddyn mae Griffith yn adrodd fod y swyddogion yn hoffi'r syniad, ei fod yn ymesgusodi'n wylaidd rhag traddodi'r araith ei hun, a bod y dasg yn aros o wneud Capten Garnons 'the warm approver, if not the proposer of the scheme'. Nid yw swyddogion y gwirfoddolwyr yn gwybod eto fod Griffith wedi cynllunio cyn belled gyda'r Arglwydd Raglaw; caiff hyn fod yn syrpreis bach iddynt.

Ond gwae, profodd Edward Griffith, fel ei gyfoeswr arall, Robbie Burns, y modd y gall cynlluniau gorau dyn a llygoden fynd o chwith. Daeth pall sydyn ar lythyrau'r Arglwydd Raglaw, ac nid atebodd lythyr Griffith, 3 Ionawr 1801. Mae nodyn yn y *Correspondence* printiedig yn dyfalu beth allai fod y rheswm. Cyfeirio y mae at ryw anghytundeb a fu mewn cyfarfod o ymddiriedolwyr y tyrpeg:

> Mr Assheton Smith and Sir Robert Williams differed fundamentally respecting the bill proposed to be brought into parliament; and, unfortunately, the honourable baronet having, in the course of his speech, thought proper to say, that the opinions of his constituents should not influence his conduct in Parliament, this drew forth some remarks from Mr. Griffith, who must have turned recreant to those principles which had hitherto guided him, had he attended in acquiescent silence to a declaration made at a public meeting, by the county member, which was, in his mind, subversive of the constitutional connexion between representative and constituent.

Yr ydym yn cyffwrdd yma ag anghytundeb clasurol yn nhrafodaethau'r oes, a gallem ddyfynnu Richard Price ar y naill ochr ac Edmund Burke ar y llall. Beth yw Aelod Seneddol, neu beth ddylai fod: ai dirprwywr, yn rhwym wrth farn ei etholwyr ar bob cwestiwn, ynteu cynrychiolydd, yn rhydd i bleidleisio fel y myn tra bo ganddo eu hymddiriedaeth? Yr ail ddehongliad a aeth â hi, diolch byth am hynny. Ond ochrid at y cyntaf gan o leiaf rai o bleidwyr diwygiad seneddol yn y cyfnod, a rhydd y cyfeiriad hwn awgrym bach inni o ble safai Edward Griffith yn wleidyddol. Ond â'r nodyn yn ei flaen :

> Whether this political difference was communicated, and with malignant aggravation, to Lord Bulkeley, Mr. Griffith has not the means to ascertain ; but there ensued an immediate cessation in his Lordship's correspondence with him (though Mr. Griffith wrote again on the 3d January, informing his Lordship that all difficulties were removed) ; and the auspicious natal day of our gracious Queen was suffered to pass away without colours being presented to the Loyal Carnarvon Volunteers ! No convivial dinner was given them by the Lord Lieutenant ! No chearful *cwrw* to drink Her Majesty's health ! Soon afterwards appears the *white-handed gentleman, disguised in a cartman's frock,* and irretrievably ruins all.

§

Beth yw hyn am y 'dyn â'r dwylo gwynion' ? Drosodd at y Cwnsler John Jones, Gelliwig. Dyma'i nodyn tua 20 neu 21 Ionawr 1801 at ei gymydog a'i gyd-ynad heddwch y Cyrnol (fel y mae erbyn hyn) Richard Edwards, Nanhoron :

> Dr. Sir,
>   There are people about the country who give out of a rising amongst the people of Braich y Cafn. There are 2000 men armed with pikes. I think you shd. s[en]d for the troops (?) to be sent [with]out delay. God send y a good Deliverance.
>   Yrs J.J.
>   Gelliwig
> Dick Griffith master of Trechwiad Bottwnog will give you some intelligence.

(Mae Tre'r Hwyaid, Pentra Chwiad weithiau, yn agos iawn at Gelliwig, yn ardal Botwnnog.) Ar 22 Ionawr mae John Jones yn ymhelaethu :

> The matter I communicated to you is of much more serious import than I conceived. ... The most material part of the evidence is : there is a conspiracy for a general rising in Flintshire, Denbighshire and about the slate quarries in Caernarvonshire. That they have pikes which [?they] are fabricating night and day. That the pikes they have in Flintshire differ from the Caernarvonshire, the latter being the single pike, the former the double such as they use in boarding men of war. That they have taken an oath of fidelity to each other & are connected. There are 2 spies in the county who have traversed Anglesey & all the sea coast of Caernarvonshire & seem to examine the county accurately with a view to military positions. They speak English & Welsh & seem to be Flintshire or Denbighshire men. They make use of threats agst. the clergy, magistrates & people of great estate.
>
> This inform. shd. without delay be communicated to the Ld. Lieuts. of the several counties & parties of cavalry stationed at Holywell, Denbigh and Caern. & this done as soon as possible as the rising is expected very soon & I much expect that if they once rise they will be joined by vast numbers.

Trefnir fod y Cwnsler Jones a'r Cyrnol Edwards yn gweld ei gilydd y noson honno, a'u bod ill dau yn cymryd datganiadau gan dystion. Y diwrnod wedyn mae Edwards yn adrodd wrth Arglwydd Bulkeley :

> Counsellor Jones called on me yesterday with the model of a pike, & informed me that a stranger had been distributing similar ones among the country people saying that the quarry men at Braich y Cafn (Lord

Penrhyn's workmen) had manufactured four hundred
such pikes ... As old England is now left alone to contend
with half the world in arms government may call out the
supplemental militia ...

Ac fel pennaeth y milisia mae'n addo gwneud popeth yn
ei allu. Ymhen deuddydd (25 Ionawr) gall adrodd fod John
Jones ac yntau wedi cyfarfod, ac wedi cymryd datganiadau
gan dystion a fu'n siarad â rhyw ddieithryn amheus iawn. Ac
mae gan y Cyrnol ôl-nodyn : 'The Counsellor is *or pretends* to
be much alarmed' !

Ond mae'r broses wedi cychwyn. Mae adroddiad
Edwards, trwy Bulkeley, wedi cyrraedd desg Dug Portland,
sy'n dal yn Ysgrifennydd Cartref (yr oedd eisoes wedi bod yn
Brif Weinidog am gyfnod byr, a byddai eto yn y man), ac yn
ei lythyr o Whitehall at Bulkeley (27 Ionawr) mae'r Dug yn
amlwg yn cymryd y bygythiad o ddifrif calon. Neithiwr (26
Ionawr) fe orchmynnodd anfon milwyr i Dreffynnon, Dinbych
a Chaernarfon 'to assist the civil power, if necessary, in the
preservation of the publick peace.' Mae'n rhaid dal y dyn sydd
wedi bod yn dosbarthu'r picellau, a dau ddyn arall, a'u dwyn
o flaen eu gwell heb oedi. 'I am induced to recommend to
your Lordship the expediency of their employing some busy
& intelligent person to gain admission into the confidence of
those who are principally concerned in it, and to communicate
to the magistrates early information of all their views and
proceedings ...' .

Erbyn 28 Ionawr – wythnos ar ôl llythyr brawychus John
Jones – mae copïau'n barod o ddatganiadau a wnaed gerbron y
ddau ynad gan dri o Lŷn a fu'n siarad â'r 'dyn' : William Morris
o'r Rhiw, John Roberts o Fryncroes a John Evans o'r Penrhyn
Du, Abersoch. (Disgwylid mwy o dystion, ond ni ddaeth y
rheini. A does dim sôn am 'Dick Griffith, master of Trechwiad'
erbyn hyn.) Dyn tua'r chwech ar hugain oedd y cymeriad

dan sylw, cryf, o daldra canolig, wedi ei wisgo fel certmon ... ond nid dwylo gweithiwr oedd ganddo : yn hytrach, dwylo gwynion, meddal. Acen Sir y Fflint, ond yn dweud ei fod yn un o Ffestiniog! Roedd wedi tramwyo trwy Sir Fôn. Roedd yn astudio'r teisi gwair. Wedi holi'n arw am gyflwr y tlawd, fe ddywedodd, yn Gymraeg : 'Ni phery y byd yma ddim yn hir ... Efe fydd yma laddfa fawr yn fuan.' Yr oedd pedwar cant o'r picellau wedi eu cynhyrchu ym Mraich y Cafn, a rhagor gan lowyr siroedd Dinbych a Fflint. Rhoddodd ddisgrifiad manwl o'r picellau, dau fath gwahanol. Ond ni ddywedir y tro hwn ei fod yn 'dosbarthu' picellau.

Fe welir beth yw ansawdd y dystiolaeth. Mae'r 'dyn' yn ysbiwr, ac ar yr un pryd yn chwythu bygythion a chyhoeddi cynlluniau'r gwrthryfelwyr hyd y wlad! Anghofiwyd am y ddau ddyn arall yr oedd brys mawr i'w dal. Ar 30 Ionawr mae Thomas Ellis, cyfreithiwr ym Mhwllheli a Thwrnai Cyffredinol Gogledd Cymru dan y Sesiwn Fawr, yn anfon copi o'r dystiolaeth hon at Hugh Ellis, Caernarfon, yr hysbysrwydd cyntaf i neb yn y dref. Ond mae'n debyg bod y dragwniaid wedi cyrraedd o flaen y llythyr hwn.

Mae Edward Griffith felly'n adrodd wrth yr Arglwydd Raglaw ar ddydd olaf y mis :

My Dear Lord,

I have the honour to acquaint your Lordship that an half troop of the 4th Dragoons arrived here this day ; & they are to remain here until further orders from the War Office. Another half troop came this morning also to Bangor, with the same instructions.

This troop left Chester, as I am informed, at a very short notice on Wednesday last (28th) at 4 o'clock p.m. by orders directly from the Secretary at War & marched to Denbigh that evening. By subsequent orders from Major General Nicolls commanding the North West District, dated Liverpool 28th inst, addressed to them at Denbigh, the troop were ordered to their present quarters.

Quarter Master Smith who commands the half troop in Carnarvon has just left me : he was anxious, and, so he said, was the commandant, Lieut. Colonel Dalton, who is at Bangor with the other half troop, to learn the motives of their being ordered to this part, & the nature of the service to be required of them, but I could give him no information on that head.

A very general surprize is excited in this part by the military appearance, which certainly was not demanded from any unquiet state of the populacy, who, though labouring under severe privations, owing to the high price of corn and of potatoes, have given no cause to apprehend that there would be a renewal of the menacing disturbance which took place here in the beginning of November last. At least I, who have not been a single day out of the county of Carnarvon since that period, am entirely ignorant of any such disposition among the lower classes ; and as to the other ranks of society, who command and enjoy the necessaries and comforts of life, there is too much good sense among them, with a rooted partiality to the existing state of things, to apprehend improper conduct.

Mae'n debyg bod yn rhaid dweud rhyw bethau fel yna wrth drafod ag Arglwyddi Raglawiaid yr oes. Ond cawsom hefyd yn y llythyr awgrym pellach fod Griffith yn deall achosion anfodlonrwydd ac yn ddigon awyddus i wneud rhywbeth yn eu cylch. A'r brif neges yw fod pwrpas ymweliad y dragwniaid yr un faint o ddirgelwch iddynt hwy eu hunain a'u swyddogion ag i bobl y dref.

Ymhen deuddydd, 2 Chwefror, mae Griffith yn anfon eto at Bulkeley. Erbyn hyn mae wedi sgwrsio â 'Counsellor Jones ... from whom I learnt that your Lordship already knew of the circumstances which I judged it my place to mention.'

Codwr bwganod (*alarmist*) fu Jones erioed, ond mae pawb yn synnu fod Edwards wedi ei rwydo i mewn ganddo. Am y datganiadau: 'The pith of the business is, I find, the pike story revived, with additions and illustrations'. Daw Griffith yn ôl eto at achosion anfodlonrwydd, sef tlodi a drudaniaeth. Ddwywaith, mewn cyfarfod o'r ynadon a chyfarfod o'r tyrpeg, mae wedi gosod cynigion i godi cyflogau gweithwyr, ond heb dderbyn unrhyw gefnogaeth. Mae'n enwi Garnons a Poole fel y rhai mwyaf gwrthwynebus. Ond bydd yn rhoi cynnig eto:

> ... if I am here at Easter, I may propose a plan for the amelioration of the condition of our poor; but I regret it was not done now, and by persuasion and good will; for there is, my Lord, a dreadful period of trial for suffering humanity from this to that time. The cavalry consume 376 pounds of oats *per diem*, and oats is our principal article of food.

Dyna siarad eithaf plaen wrth yr Arglwydd Raglaw, a chloir y llythyr â chyfeiriad eto at 'the *ignis fatuus*, which has hitherto led our grave *Llŷn* magistrates so much astray.'

Mae'r Cyrnol Edwards, mewn llythyr ar 1 Chwefror, yn rhoi nifer y picellau erbyn hyn yn ddwy fil! Ond yr un diwrnod daw llythyr i Thomas Ellis, Pwllheli, gan Benjamin Wyatt, stiward y Penrhyn, yn tystio fod chwarelwyr Cae Braich y Cafn yn hollol dawel, 'never more attentive to their business, or more submissive to their overlookers'. Datgela Wyatt eto ei bryder sylfaenol, ac mae hyn yn broffwydol yng ngoleuni hanes y can mlynedd nesaf: 'but being a large body of men, whenever any ill disposed person or persons in any part of the county wish to create a disturbance, the quarrymen are always introduced as an encouragement to the design, and this I take to be the case in the present instance.'

Yn awr daw i law Edward Griffith y genadwri sy'n ei

gynhyrfu'n fwy na dim hyd yn hyn. Dyma'r un ddyddiedig 2 Chwefror, oddi wrth y Cadfridog Oliver Nicholls, y dyn a anfonodd y dragwniaid o Gaer, ac wedi ei chyfeirio o Lerpwl at y maer neu'r prif ynad, Caernarfon. Mae Nicolls *wedi* sgrifennu o'r blaen, meddai, 28 Ionawr, yn adrodd bod y milwyr ar eu ffordd, i fod dan orchymyn y maer neu'r prif ynad, os yw ef yn teimlo bod eu hangen. Mae braidd yn siomedig na chafodd ateb, ac yn synnu clywed bod Griffith yn synnu pan gyrhaeddodd y milwyr. Gofyn y cadfridog : beth fynnwch imi ei wneud ? Mi allaf anfon mwy o filwyr os ydych chi'n gofyn, neu mi allaf eu galw i gyd yn ôl os ydych chi'n dweud, neu mi allaf anfon gwŷr traed yn lle'r gwŷr meirch. 'My reason for all this is, to relieve you of the horses the moment you do not feel their presence necessary, as the corn they consume must be oppressive.' Ac mae'n gofyn am ateb. Ni allai dim fod yn fwy teg ; ac roedd y Cyrnol Dalton hefyd, chwarae teg iddo yntau, wedi barnu'n ddoeth rannu'r fintai rhwng Caernarfon a Bangor rhag bod gormod o bwysau ar yr un lle.

Sut na dderbyniwyd llythyr Nicolls, 28 Ionawr ? Pan aeth Edward Griffith i holi yn y post, fel y gwnâi pawb yn y dyddiau di-bostman a chyn-stamp-du-ceiniog hynny, yr oedd postfeistr Caernarfon yn gwadu'n lân i'r fath lythyr ddod i'w swyddfa o gwbl. Yn wir ni fyddai Griffith wedi cael yr ail lythyr chwaith heb daer bwyso wedi i'r Capten Dalbiac, un o'r dragwniaid, ddweud wrtho fod Nicolls wedi sgrifennu. Yr oedd yr ail lythyr wedi ei gyfeirio at 'the Worshipful the Mayor or Chief Magistrate, Carnarvon' ; gwyddai'r postfeistr fod Arglwydd Uxbridge a Thomas Williams A.S. (y maer a'i ddirprwy) ill dau yn Llundain, ond ni fynnai ei roi i Edward Griffith chwaith, ar y tir nad oedd ef yn aelod o'r gorfforaeth. Ond fel y dywed Griffith, dyma'r tro cyntaf, hyd y gŵyr ef, i lythyr gael ei gelu rhagddo wedi ei gyfeirio yn yr un modd ; a gallesid, o leiaf, roi'r llythyr i ddau feili'r dref, sef y ddau swyddog nesaf at y maer. Nid enwir y postfeistr hwn, a chwaraeodd ran mor allweddol yn yr helynt, ac a wylltiodd Edward Griffith yn fwy na dim. Nid oedd i Griffith ddewis ond gofyn i Nicolls am ail gopi o'r llythyr cyntaf, neu grynodeb o'i sylwedd. Gwnaeth hyn ar 5 Chwefror, yn berffaith bwyllog, gan ganiatáu efallai bod y llywodraeth yn gwybod rhyw bethau nas gwyddai ef, a chan ohirio unrhyw benderfyniad nes gwybod mwy o'r cefndir. Mae'n gobeithio cael gair yn fuan â'r ddau ynad o Lŷn, cychwynwyr y broses. O'i ochr yntau ymddengys Bulkeley, hyd yma, yn ddigon pwyllog; ddwywaith (28 Ionawr a 4 Chwefror) fe awgrymodd wrth Edwards y gallai anfon y milwyr yn ôl pe gwelid nad oedd sail i'r braw. (Ond mae hyn fel petai'n rhagdybio mai dan orchymyn Edwards y byddent, yn groes i ddealltwriaeth y milwyr eu hunain a dealltwriaeth Griffith!)

Atebodd Nicolls ymhen deuddydd (7 Chwefror), yn synnu'n fawr na ddaeth y llythyr cyntaf i law ac yn barod i geisio olrhain y gwall. Dyma'r llythyr gwreiddiol, wedi ei gyfeirio at y maer:

Liverpool 28th Jany. 1801

Sir,

Finding by a letter I have this day recd. From the Adjt. Genl. that disturbances of a serious nature are apprehended at Carnarvon, and being directed to take the most immediate steps for the preserving tranquility in the town, I have ordered a troop of the 4th Dragoons that were sent to Holywell & Denbigh to proceed without loss of time to Carnarvon & Bangor to be ready to support the Civil Magistrates if necessary. I would have sent the whole troop to Carnarvon as the Town particularly named to me, but I was afraid such a number of horses might have been oppressive – however if necessary the whole are under your direction.

I have &c &c &c

The worshipful
The Mayor, Carnarvon (Signed) Ol. N.

Yr hyn sy'n bwysig yw mai dyma'r tro cyntaf i neb o'r trefwyr ddeall mai i atal terfysg *yn y dref* yr anfonwyd y milwyr, ac mai dyna ddealltwriaeth y swyddogion.

Erbyn ei lythyr nesaf, 5 Chwefror, yr oedd Bulkeley fel petai wedi newid ei dôn tuag at Griffith. Heb i Griffith fynegi unrhyw fwriad i anfon y marchfilwyr ymaith – oherwydd nid oedd wedi llunio unrhyw fwriad ar y diwrnod – yr oedd rhyw bethau yn ei lythyr ef, 2 Chwefror, yn awgrymu i lygad yr Arglwydd Raglaw ddychweliad yr hen Ned Griffith a fu, yn 1795 a chyn hynny, yn dipyn o 'Jacobin'. Dyma'i eiriau:

> At the distance I am at present at from the country it is difficult for me to use any discretion of my own, & if I err I must owe it to representations strongly made to me as Lord Lieutenant of the county to which if I do my duty I am bound to attend. I did so to you in the Carnarvon riot. I have done so in the present instance to L. Col. Edwards & Counsr. Jones and whether it has been an *ignis fatuus* or not, or whatever jibes & jeers magistrates may permit themselves in joke or earnest to say to or of one another, I have felt & do feel that it is my duty to attend to their representations & to lay them before government, & that in ticklish times like these to err on the side of vigilance and attention is better than to err on that of supineness & indifference.

O'i ran ei hun mae'n ddrwg ganddo ddeall am gyndynrwydd gwŷr bonheddig y sir i godi cyflogau, petai ond dros dro; ond mae'n debyg fod ganddynt eu rhesymau. Mae ef ei hun wedi rhoi codiad bach – dros dro – i weithwyr ei stad, ac felly mae ei gydwybod yn esmwyth: *'liberavi animam meam'*. I gloi, mae ganddo air o gerydd ac adnod i'w hystyried gan Griffith : 'I think you are not justified in your resolution of not acting with other magistrates because they differ in opinion with you. "Whatever ye would that men do unto you, even so do ye unto them, for this is the law & the prophets.'" Rhaid pwysleisio nad yw Griffith, hyd yma, wedi mynegi unrhyw fwriad o 'beidio cydweithredu': disgwyliad Bulkeley gan y Ned Griffith y mae ef yn ei adnabod yw hynny; ond unwaith y mynegir y disgwyliad fe ysgogir cymeriad fel Griffith i ymddwyn yn unol ag ef.

Yn y cyfamser dyfnhawyd amheuon Griffith pan welodd y datganiadau yr oedd Jones ac Edwards wedi eu cymryd. Sylwodd eu bod yn hynod gymysglyd, wedi eu llunio ddeunaw niwrnod ar ôl y digwyddiad, a heb fod wedi eu cymryd ar lw. Bu John Jones yng Nghaernarfon am dridiau, 'and, exhibiting in every company a model of the dreadful pike, assumed the air and consequence of the saviour of the land'. Disgwylid Edwards yno i gyfarfod y milwyr, ond dim golwg ohono. Adroddir hyn gan Griffith wrth Bulkeley ar 6 Chwefror, heb eto dderbyn y llythyr a sgrifennodd Bulkeley y diwrnod cynt gan ddechrau troi tu min. Pan gafodd Griffith y llythyr hwnnw fe atebodd yn helaeth (8 Chwefror) gan roi dau chwech am swllt. Nid yw'n derbyn y cyhuddiad o 'beidio â chydweithredu', ac nid yw'n hoffi'r ensyniad am 'supineness and indifference'. Os gwir yr hyn a adroddodd John Jones, fod y Cyrnol Edwards wedi cael gan Bulkeley a Portland yr awdurdod sifil a milwrol i weithredu yn erbyn y gwrthryfelwyr, mae hynny'n gwbl annerbyniol. Mae'r fath egwyddor yn bod ag 'inter pares non est potestas' (rhwng rhai cydradd nid oes awdurdod), ac nid oes gan nac Arglwydd Raglaw na neb yr hawl i osod un ynad uwchlaw rhai eraill. Dywedir y drefn yn hallt am bostfeistr Caernarfon, a hefyd am Thomas Williams y dirprwy faer, a benododd y fath ddyn anghymwys i'r swydd. Siomedig iawn na ddaeth Richard Edwards i Gaernarfon yn ôl ei addewid. Ac am ymddygiad rhyfedd John Jones: 'Counsr. Jones, though here three days, never went near the officers; and at the end, finding himself deserted by his colleagues, decamped à la sourdine' (sef 'mewn pŵd'). Yn y llythyr hir hwn, at ddyn

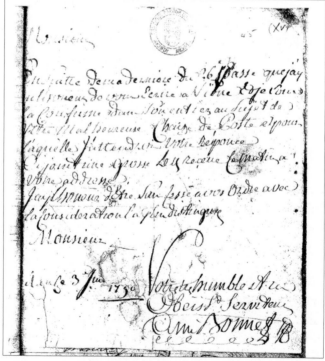

Tocyn teithio Edward Griffith yn Ffrainc, 1790. Gan gyfeirio at drafferth a gafwyd gyda rhyw gerbyd o'r blaen, mae'r nodyn yn addo pob ymdrech i gwrdd â'i ddymuniadau. (Drwy ganiatâd Gwasanaeth Archifau a Chasgliadau Arbennig Prifysgol Bangor.)

CORRESPONDENCE

RELATIVE TO

THE STATIONING OF A TROOP

OF

THE FOURTH REGIMENT

OF

DRAGOONS

IN THE

COUNTY OF CARNARVON

PART I.

" Under the auspices of his administration, we have not to apprehend
" any false alarms, any fabricated plots or contrivances, to terrify the
" country."

Mr. Byng's speech at Mr. Fox's election — See
Morning Chronicle, Feb. 14, 1806.

THE THIRD EDITION.

LONDON:

PRINTED FOR J. JOHNSON, ST. PAUL'S CHURCHYARD ;
By Wood and Innes, Poppin's Court, Fleet-Street.
1806

Tudalen deitl gohebiaeth gyhoeddedig Edward Griffith.

Dau o gyfeillion gohebol Edward Griffith.
Uchod: John Cartwright. *Isod*: Jean Gaspard Lavater

Uchod: Plas Bowman, Caernarfon, cartref Edward Griffith.
Isod: y Tryfan Mawr, neu 'Tryfan Hall', Rhostryfan, Arfon, lle'r oedd gwreiddiau
Edward Griffith ar ochr ei dad. Ar y chwith, y tŷ a godwyd gan John Griffith,
cefnder Edward. Ar y dde, yr hen dŷ, lle magwyd Edward Griffith yr hynaf,
mae'n debyg.

48

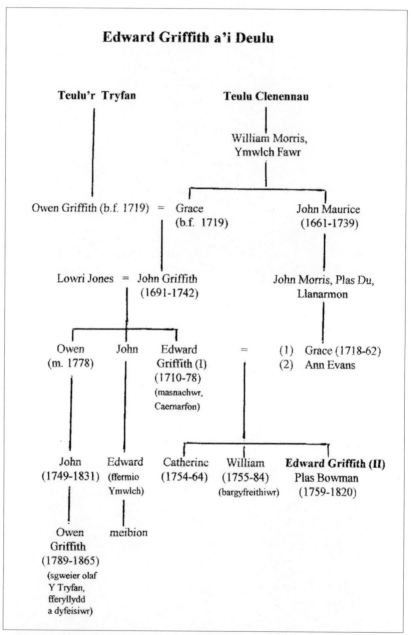

Edward Griffith a'i Deulu

Teulu'r Tryfan

Teulu Clenennau

William Morris,
Ymwlch Fawr

Owen Griffith (b.f. 1719) = Grace
(b.f. 1719)

John Maurice
(1661-1739)

Lowri Jones = John Griffith
(1691-1742)

John Morris, Plas Du,
Llanarmon

Owen
(m. 1778)

John

Edward
Griffith (I)
(1710-78)
(masnachwr,
Caernarfon)

= (1) Grace (1718-62)
(2) Ann Evans

John
(1749-1831)

Edward
(ffermio
Ymwlch)

Catherine
(1754-64)

William
(1755-84)
(bargyfreithiwr)

Edward Griffith (II)
Plas Bowman
(1759-1820)

Owen
Griffith
(1789-1865)
(sgweier olaf
Y Tryfan,
fferyllydd
a dyfeisiwr)

meibion

Achau Edward Griffith, yn dangos y cysylltiad dwbl rhwng y Tryfan ac Ymwlch.

Paentiad olew J. M. W. Turner o Bier Margate, gyda'r cwch hwyliau a'r agerlong fach.
(Drwy ganiatâd y Courtauld Institute of Art, Llundain.)

sy'n diflasu clywed ganddo pa un bynnag, gwnaeth Griffith ddau beth na ddylid, mae'n debyg, eu gwneud wrth ohebu â'r Sefydliad. Yn gyntaf, rhoddodd bwt o jôc fach ddigon diniwed fel ôl-nodyn (cyfeiriad at ryw anghydfod rhwng un o deulu'r Pagets, Plas Newydd, a'u cymydog y Cyrnol Peacock o Lanedwen) ; ac yn ail, tywalltodd dipyn o waed calon. Cwynodd am anniolchgarwch pobl y dref tuag ato, ac addefodd ei fod yn ystyried ymddiswyddo oddi ar y fainc. Dyna roi gwystl i ffawd.

Pur chwyrn a phoethlyd yw ymateb Bulkeley, 13 Chwefror :

In your letter of the 8th you quote your friend Hugh Ellis's opinion & yours that it was unwarrantable in the D. of Portland & me to direct the cavalry to receiving orders of the two magistrates L Col. Edwards & Counselor Jones who, acting in the Llynn District sent me the first account of some mischief they had discern'd there & begging the aid of government. I am not surprised at any such opinions from Mr Hugh Ellis, but I thought you knew better. It is however necessary for the very small supereminence & authority which remains to me as Ld. Lieut of the county that I should bring this matter to be put beyond a doubt, [and] as soon as I can see the D. of Portland, who is now more engaged than ever, I shall lay before him your extraordinary notions & bring that matter to a point. Had such been Mr. Hugh Ellis's opinions in the Carnarvon riots I know who would have spoke hours & hours in harangue & written volumes. I don't know how it is, but when you are out of the county it is always quiet, and when you are in it you make my place a most delightful sinecure ; and yet you are sensible and not ill-natured, and have many good qualities, but your vanity is easily worked upon *by such men as Hugh Ellis & John Hughes who don't care a fig for you except as the instrument by which they think & hope to (?)tease me or set us both at variance with the other magistrates.*

I wonder you don't see it, 'but none so blind as those who won't see'. I am in a fine humour to give you a brushing & pay you with the same coin the *potestas inter pares* induces you to pay me, but I shall reserve myself till I see you ; in the mean time if you go on as you do, cavilling & squabbling with other magistrates, they cannot be sorry if you put your threat into execution of throwing up your magistracy. In the midst of all your flourishes old habits of long acquaintance will never make me your enemy, but when I see or hear that they are detrimental to the welfare of the coun[t]y & the harmony of the bench I shall never spare you upon the same principle that you never spare me. Adieu.

Ond wedi'r 'adieu' mae dau ôl-feddwl. Yn gyntaf, cyhuddo Griffith o fod wedi cadw'r Cyrnol Edwards o Gaernarfon. Ac yn ail, siarsio :

Don't let the military leave Carnarvon till you hear further from me. Instead of finding fault with your brother magistrates you should assist them. You don't know what you say when you called the discoveries made by Col. Edwards & Counsr. Jones an *ignis fatuus*. Don't mind anything but the public good and the salvation of the country.

§

Erbyn i Edward Griffith dderbyn y llythyr hwn, yr oedd y dragwniaid wedi mynd. Beth ffordd, o leiaf.

Mewn llythyr at Bulkeley, 6 Chwefror, adroddodd y Cyrnol Edwards fod Griffith yn gynddeiriog am fod y milwyr wedi eu hanfon heb ymgynghori ag ef – gwir wrth gwrs. Ond ychwanega : 'I suppose he has by this time removed the troops. I sincerely hope he may have no occasion to request their return.' Yn sicr nid oedd Griffith wedi gwneud unrhyw benderfyniad o'r fath erbyn y diwrnod hwnnw. Yn hytrach bu'n ymgynghori'n ofalus â hwn a'r llall. Sgrifennodd eto at Benjamin Wyatt i holi beth oedd tymer y chwarelwyr, ac anfonodd yntau'r swyddog oddi tano, James Greenfield, i roi adroddiad wyneb yn wyneb. Buasai'n dda gan Griffith gael holi'r Cyrnol Edwards petai hwnnw wedi dod i Gaernarfon yn ôl ei addewid. Derbyniodd farn ystyriol y milwyr, yn ganolog a lleol. Os yw popeth yn dawel, awgryma Nicolls (7 Chwefror), gallwch anfon y milwyr yn ôl i Gaer, a gobeithio y bydd ateb yr Arglwydd Raglaw'n caniatáu hynny. Erbyn 11 Chwefror mae Griffith wedi penderfynu, a'i gyfarwyddyd digon pwyllog i'r Capten Hooper yw :

> I have the honor to inform you that this post brought me no letter from Lord Bulkeley, and as he has already expressed himself rather fully in his letter to me of the 5th ... I deem it, on mature consideration, incumbent on me no longer to delay my decided opinion respecting the removal of the troop, and therefore, if you think it more convenient for His Majesty's Service that the troop should quit Carnarvonshire on Friday, or Saturday, instead of waiting longer, I certainly consider it my duty to give my full consent thereto : with the single reserve of a letter from Lord Bulkeley by tomorrow's post (& the probability is much against it) expressing a contrary opinion ; & in which case I should instantly on the arrival of the post make the same known to you.

Mae'n cadarnhau hyn y diwrnod wedyn (12 Chwefror), wrth Hooper ac wrth Nicolls. Nid yn gymaint eu gyrru ymaith y mae â'u gollwng. Ffarwelia â hwy – neu dyna a gred ar y pryd – ar delerau rhagorol, gan ddiolch iddynt am bob cydweithrediad a chan obeithio y byddant yn ei gofio.

Ond fel y dywedir, 'os do-fe' ! Yn awr dyma ddau gymeriad

newydd yn camu i mewn, Thomas Jones a Humphrey Lloyd, dau feili'r dref. Meddyg, 'surgeon' fel y disgrifir ef, oedd Thomas Jones, yn byw yn Stryd Twll yn y Wal a chanddo feddygfa yn y Stryd Fawr. Daw i'r amlwg ymhen rhai blynyddoedd eto fel ysgrifennydd cyntaf y 'Menai Pitt Club', cymdeithas geidwadol a Phrydeingar a gwrddai yng Nghaernarfon a Biwmares.[17] Yr oedd dau Humphrey Lloyd yn byw yn y dref ar y pryd, un yn y Pendist a'r llall yn Stryd Bangor gerllaw. Yr wyf yn dyfalu, heb unrhyw brawf, eu bod yn dad a mab, mai'r hynaf oedd y beili, a'i fod yn siopwr a fu ar un adeg yn denant i Edward Griffith yr hynaf. Am 4.00 y prynhawn, 13 Chwefror, galwodd y ddau i weld Edward Griffith gyda chais am gael cadw'r milwyr. Atebodd yntau fod ei benderfyniad wedi ei wneud, ar ôl deng niwrnod o ystyriaeth fanwl. Ymhen dim, mae hysbysiad yn cael ei gylchredeg, yn enwau Jones a Lloyd gyda chefnogaeth ugain o ddynion amlwg eraill Caernarfon, yn galw cyfarfod cyhoeddus yn nhafarn yr Union (rownd y gornel o Blas Bowman) am 6.30 y noson honno 'to consider the propriety of continuing the soldiers now quartered in this town'. Ar y rhestr fe welwn enwau Richard Garnons, Hugh Ellis a John Hughes. Gwahoddwyd y Lluesteiwr Smith i'r cyfarfod, ac fe aeth. Cafodd Griffith wybod yn fuan fod yno lawer o siarad, smocio ac yfed, cyn pasio'n unfrydol alwad am gadw'r dragwniaid, gan gondemnio penderfyniad Mr. Edward Griffith i'w yrru i ffwrdd, yn groes i ddymuniad yr ynadon eraill a heb ymgynghori â 'phrif drigolion' (*principal inhabitants*) y dref. Cwynodd y ddau feili hefyd fod Mr. Griffith wedi dwyn o'r post lythyr a ddylai, yn absenoldeb y maer a'i ddirprwy, fod wedi dod iddynt hwy fel 'chief magistrates', a'i fod yn gwrthod ei ildio! Dyma roi'r ystyr arall i'r gair 'magistrate', sef swyddog cyhoeddus – ystyr yr oedd Griffith yn ei derbyn, fel y gwelsom. Hyd yn oed cyn i'r cyfarfod ddod i ben yr oedd Griffith wedi sgrifennu at Capten Hooper yn dweud wrtho am anwybyddu'r penderfyniad. Ond ei wrando a wnaeth Hooper

a chadw'r milwyr am ddwy noson arall. Aeth i lawr dipyn yng
ngolwg Griffith, er y parhaodd eu cyfathrach. Gan achwyn
yn dost ar Edward Griffith, anfonodd y ddau feili gopïau o'r
rhybudd a'r penderfyniad at Bulkeley, Uxbridge a Thomas
Williams, gyda chais iddynt ddweud wrth Nicolls nad yw'r
milwyr i adael y dref heb gydsyniad y trefwyr, trwy'r beilïod.
Cydsyniwyd yn syth, gyda Bulkeley yn arbennig falch o fod
wedi ei gyfiawnhau :

> Sirs,
>   Upon receiving your letter with the enclosures
> yesterday I lost not a moment in applying at the D.
> of Portland's and the Adjutant General's offices the
> continuance of the dragoons at Carnarvon till further
> orders, and L. Uxbridge told me he had made the same
> application and an order is gone for their continuance.
> The dragoons were originally ordered to Carnarvon on
> a grave & serious representation to me as L. Lieut. of the
> county from two magistrates, L. Col. Edwards & Counsr.
> Jones from the Llŷn district, and it is a satisfaction to
> me to find that the corporation & so many respectable
> individuals have sanctioned my conduct & judgement. ...
> I always endeavour in my situation to steer as well as I
> can between the extremes of unfounded alarm and too
> much confidence.
>   I am Sirs with much regard & esteem
>   Your faithfull hle Sert.
>   Bulkeley

Diolchodd y beilïod yn llaes, ar ran ail gyfarfod o'r 'prif
drigolion' ar 19 Chwefror, a diolchodd Bulkeley ac Uxbridge
yn ôl wedyn, pawb yn wfftio at weithred Edward Griffith.
Y Cyrnol Edwards, mewn llythyr at Bulkeley, sy'n gollwng
y gath o'r cwd ynghylch cymhelliad arall a allai fod gan y
trefwyr teyrngar, ar wahân i'w gwladgarwch a'u cariad at

gyfraith a threfn : 'It may not be improper to remark that for innkeepers to have dragoon horses quartered upon them, is in this county an advantage, the allowance from government being so very ample & hay very cheap in comparison to what it is in different parts of England.' (Cafwyd stori beth yn wahanol adeg ymweliad y Somerset Fencibles yn 1795, un tafarnwr o leiaf yn cwyno ei fod yn gorfod cymryd gormod, ac yn llwyddo yn ei gais i gael lleihau'r nifer o dri i ddau. Ond teg yw nodi mai John Griffith oedd hwn, landlord tafarn y 'Boot', yr union le yr oedd 'plaid Ned Griffith' yn cyfarfod adeg y ddadl ynghylch Rhosbodrual. Gweler nodyn 2.)

Ymdeithiodd y dragwniaid allan o Gaernarfon a Bangor fore Sul, 15 Chwefror, wedi bod yno bythefnos union. Gwyddom iddynt aros ar eu taith yn Llanrwst. Pa ffordd, a pha mor bell, yr aethant wedyn ni wyddom, ond ddeuddydd yn ddiweddarach mae Edward Griffith yn adrodd wrth Bulkeley : 'and now these fine fellows are at their old quarters, in a situation to be of real use to their country'. Mae'n debyg ei fod yn cymryd eu bod wedi cyrraedd Caer. Nid atebodd Bulkeley'r llythyr hwn, ac mae'n debyg na wyddai Griffith fod camau mor sydyn wedi eu cymryd i alw'r milwyr yn ôl. Y tro hwn, fel ar ambell achlysur arall, amlyga Griffith y gwendid o feddwl fod pobl eraill yr un mor anrhydeddus ag ef ei hun, gan sicrhau'r Arglwydd Raglaw, 'my conduct becomes hourly the more and more approved'. Mae newydd dderbyn neges gefnogol iawn gan ei hen gyfaill Thomas Ellis, Pwllheli. Y bore wedyn mae Thomas Ellis yn sgrifennu at Bulkeley gyda barn hollol groes. (Mae hefyd yn diolch dros ei fab i'r Rhaglaw am sicrhau lle iddo fel swyddog ar long fasnach.) Erbyn 23 Chwefror mae'r milwyr yn eu holau yng Nghaernarfon a Bangor, y tro hwn ar orchymyn y Pen-cadlywydd, Dug Efrog, a heb fod yn atebol i Griffith o gwbl.

Yn y cyfamser ni bu'r Cwnsler John Jones yn segur. Erbyn 8 Chwefror, medd llythyr ganddo at Bulkeley, yr oedd yr ysbiwyr wedi treiddio drwy Fôn ac Arfon, pob cilfach a chornel, ac yntau wedi llunio hysbyseb i'w dal – gwobr, deg gini. Pedwar ohonynt oedd erbyn hyn, un yn cael ei adnabod fel 'John of Mount', ond yr un pwysicaf i'w ddal yw Thomas Jones. Dridiau yn ddiweddarach daw'r hysbyseb, wedi ei lunio ar gyfer papur newydd Caer, i law Hugh Ellis, Caernarfon. Erys ansicrwydd ynghylch maint y wobr a phwy sydd i dalu, hyn gryn dair wythnos oddi ar ymddangosiad 'y dyn â'r dwylo gwynion'. Chwerthin y mae Edward Griffith am ben hyn, a'r Cwnsler, yr un pryd, yn estyn cic i '*the hero*, Ned Griffith'. Mae'n ddechrau Mawrth cyn i'r hysbysiad ymddangos yn y papur, wedi ei olygu'n drwm gan dorri allan y pethau mwyaf ffantasïol, yn cynnwys y 'dwylo gwynion'. Caiff Edward Griffith fodd i fyw : 'an idle tale, so void of semblance, that it should seem gaping imbecility alone would be found to swallow it'! Ond cyn i'r hysbysiad hwn ymddangos yr oedd chwarelwyr Cae Braich y Cafn – meddylier mewn difri ! – trwy eu clwb lles, wedi achub y blaen a chyhoeddi taflen Saesneg yn cynnig yr un swm am yr un wybodaeth. Hyn oll i glirio'u henwau, ac i ddangos eu teyrngarch a'u hufudd-dod. Gyda'r chwarelwyr yn talu o'u cynilion prin, rhaid maddau i'r sgeptig os gwêl yn y symudiad hwn law Mr. Benjamin Wyatt. Dan yr hysbysiad mae enwau nifer o swyddogion y clwb lles, gyda marc (X) ar gyfer pob un. Yn eu plith fe welir yr enw Abraham Williams. Y tebyg yw mai 'Bardd Du Eryri' oedd ef, gŵr yr un mor llythrennog â Wyatt ei hun. Boed o ganlyniad i'r hysbysiadau neu beidio, fe ddaliwyd rhyw ddyn, ac ar 9 Mawrth bu Edward Griffith yn ei weld yng ngharchar Caernarfon. Mae'n debyg mai Thomas Jones oedd ei enw, dyn hanner-pan o ardal Pentrefoelas. Tybed a oedd yna ryw dwtsh bach o'r 'dene' a'r 'fanne' yn ei leferydd, ac mai dyna'r 'iaith Sir Fflint' a gamglywodd hogiau Llŷn ?

Mae'n debyg nad oedd Edward Griffith erioed wedi cyfarfod y Cadfridog Oliver Nicolls, a sgrifennai ato o Lerpwl. Ond un o bethau trawiadol yr hanes hwn yw'r ddealltwriaeth gyson sydd i'w gweld rhyngddynt. Gall Griffith fwrw'i fol wrth Nicolls, fel y gwna y diwrnod wedi i'r milwyr ddychwelyd i Gaernarfon : 'a great deal of trouble I have had, and anxiety to discharge my duty, honourably and usefully, as an independent and conscientious magistrate ; but such are not always best approved of by the great, and amongst little people we too often find are little passions.' Ac yn wir, wrth Nicolls yn y llythyr hwn y cyhoedda Griffith am y tro cyntaf y bwriad sydd wedi ymffurfio yn ei feddwl, sef cyhoeddi'r ohebiaeth.

Ni wastraffodd ddim amser cyn amddiffyn ei benderfyniad a'i enw da. Bwriodd iddi ag egni dihafal i olygu'r llythyrau a fu'n mynd a dod oddi ar ddydd olaf Ionawr, gan ychwanegu ambell nodyn deifiol yn rhoi ei olwg ei hun ar bethau, heb anghofio ambell atgof am gyflawniadau 'Mr. Griffith' yn y gorffennol. Ar adeg pan oedd cymaint yn cefnu arno, yr oedd wedi cael lle i gredu fod y Parchedig John Roberts, Archddiacon Meirionydd, wedi dweud rhywbeth o'i blaid, ac anfonodd ato'n gofyn a gâi gynnwys ei eiriau yn y llyfr. Ond nid oedd y cyfaill parchedig am gael ei ddyfynnu. Argraffwyd yr ohebiaeth yn Stryd y Fflyd a'i chyhoeddi yn Llundain yn ddwy ran, 143 tudalen i gyd. Mi gredaf mai y rhan gyntaf a argraffwyd ddwywaith fel y ddau 'argraffiad' cyntaf, cyfrolau ofnadwy o brin, os ydynt wedi eu cadw o gwbl ; ac mai gyda'r trydydd 'argraffiad' (1806) y cafwyd y ddwy ran. Dau ddwsin o lythyrau tair wythnos gyntaf Chwefror 1801 yw cynnwys y rhan gyntaf, gydag atodiad o chwe llythyr am helynt y mis Tachwedd cynt. Yn yr ail ran mae detholiad pellach o lythyrau'r ddau helynt, 33 llythyr yn arwain at ddiweddglo mis Mehefin 1801. Yr oedd un rhan allan erbyn canol Mawrth 1801, oherwydd mae gennym lythyr cynnes a chefnogol y Cyrnol Dalton yn diolch am ei gopi. Daeth nodyn byr a diddorol gan Syr Banastre Tarleton, cadfridog, Aelod Seneddol a chymeriad go frith, un o'r cydnabod oedd gan

Edward Griffith mewn lleoedd rhyfedd. Yr oedd Tarleton yn enwog am ei anfadwaith ar ran y fyddin Brydeinig yn Rhyfel Annibyniaeth America, ac yn wir mae perygl gwirioneddol mai ef yw cynsail y bondigrybwyll Cyrnol Tavington, y dihiryn yn ffilm Mel Gibson, *The Patriot.* Beth bynnag, yr oedd yntau'n canmol llyfr Griffith, ac am roi copi i'w Uchelder Brenhinol a'i annog i'w ddarllen! Deallwn ei fod mewn safle fanteisiol i wneud hynny, gan ei fod ef a'r Rhaglyw Dywysog (medd y *DNB*) yn 'rhannu fodan' fel y dywedai pobl y dref. Cafwyd adolygiadau digon ffafriol mewn cylchgronau fel y *Monthly Review* a'r *Gentleman's Magazine*, a'r golygydd yn gofalu dyfynnu'r rheini yn ei 'drydydd argraffiad'. Mae'n amlwg bod yna ryw gefnogaeth i Griffith, hyd yn oed ar anterth y rhyfel. Ond nid 'yn ei wlad ei hun', mae'n beryg.

Ymadawodd y dragwniaid â Chaernarfon, yn derfynol y tro hwn, ganol mis Mai, ac ymuno â'u catrawd ym Manceinion. Adroddiad yn y *Chester Chronicle* (22 Mai 1801) sy'n dweud hynny wrthym, ac mae'n mynd ymlaen:

> ... after the most strict and continued investigation, no cause whatever had appeared to render the stay of the troop necessary in the county of Carnarvon; the whole having turned out to be a gross calumny on those useful and meritorious bodies of men; of whom it becomes a duty to declare to the public, that they have born[e], in common with the class of labouring poor in those parts of North Wales, the severe pressure of the times with a resignation and a fortitude, which would do honour to minds the best cultured, and in the most elevated situations of life.

Heb unrhyw brawf, rwyf am awgrymu mai Edward Griffith yw awdur yr adroddiad hwn, sy'n cynnwys egin bach rhywbeth a dyfodd yn helaeth yng nghwrs canrif a hanner, sef y darlun delfrydgar o'r chwarelwyr fel dosbarth o bobl weithgar, dawel a stoicaidd, arwrol yn eu dioddefaint. (Go wahanol oedd disgrifiad William Williams, a oedd dipyn yn nes atynt: 'a multitude of indigent, unthinking rabble'!)

Mae Vinegar Hill yng Nghaernarfon o hyd, rhes fach o dai ac arni'r enw Cymraeg swyddogol 'Rhes y Priordy' heddiw. Sut y byddai haneswyr y dref yn esbonio'r enw? Ai cofeb sydd yma i ymweliad y dragwniaid y gwirionodd y 'cofis crand' neu'r *prominent citizens* gymaint arnynt ym 1801? Yn wir, ar warrau ei gilydd mewn clwtyn bychan o'r dref dyma inni Vinegar Hill, Balaclafa, Rhes Pretoria, Waterloo Port, Doc Victoria a hen bictiwrs yr Empire – Apollo Bingo bellach: rhyngddynt yn coffáu chwe phennod o orffennol treflan ac ymerodraeth.

Eitem olaf y llyfr printiedig yw nodyn byr a ddaeth trwy ddrws Plas Bowman am hanner awr wedi naw, nos Fercher, 17 Mehefin 1801, oddi wrth y clerc a'r cyn-gefnogwr, Hugh Ellis. Mae'n amgáu hysbysiad ffurfiol gan y clerc a'r cyn-gefnogwr arall, John Hughes, o dan gomisiwn heddwch newydd i'r sir, dyddiedig 9 Mai 1801, yn diswyddo Edward Griffith oddi ar y fainc.

§

Dyna fo, mae'n siŵr bod gwaeth pethau na pheidio bod yn ynad heddwch. Ac fe allasai hi fod yn llawer gwaeth yn gyffredinol nag y bu hi yn yr hen sir ym 1801. Ni chodwyd gilotîn ar Faes Caernarfon i ddienyddio Arglwyddi Uxbridge, Penrhyn a Bulkeley, ac o'r tu arall ni wnaed cyflafan Peterloo ar chwarelwyr y Penrhyn. Prif werth y stori bellach yw ei diddordeb dynol, gyda'i sefyllfa glasurol a'i theipiau o gymeriadau y gellir eu hadnabod ym mhob oes: y dyn sydd am fod yn waredwr y wladwriaeth, pan yw hynny'n hawdd ac yn boblogaidd; pobl y Sefydliad, sy'n gwarchod lles y gymdeithas yn ôl eu dealltwriaeth hwy ohono; y bobl fach y mae'n rhaid iddynt fod ar ochr awdurdod ; y dyn bach drwg mewn swyddfa (sef yn yr achos hwn, postfeistr Caernarfon, pwy bynnag oedd) ; y milwr gonest diarhebol – chwarae teg i'r Cadfridog Nichols a'r swyddogion o dano, fe fuont yn bwyllog a digon anrhydeddus drwy gydol yr helynt. Ac Edward Griffith ? Ai ef yw ein hesiampl o'r arwr anllygradwy ? Ai ef yw John Proctor y stori hon, y dyn a wrthododd ymuno yn yr helfa ddewiniaid ? Heb honni hynny, oherwydd mae tystiolaeth y gallai rhai ei dyfynnu i'r gwrthwyneb, rwy'n credu y gellir dweud yn bwyllog amdano, wedi ystyried popeth, fod ynddo radd o annibyniaeth a oedd ychydig yn anghyffredin ymhlith y cawellaid o gynffonwyr ag oedd yn yr hen dref ym 1801.

Rhaid casglu nad oedd anfon y dragwniaid i ffwrdd yn weithred mor herfeiddiol â hynny. Derbyn cyngor y swyddogion eu hunain a wnaeth Griffith, a rhoi caniatâd iddynt fynd. Ymgynghorodd, disgwyliodd gyfarwyddyd yr Arglwydd Raglaw, a phe bai hwnnw wedi dod ynghynt diau y buasai ei ddewis yn wahanol. Yr hyn sy'n amlygu penderfyniad a radicaliaeth Edward Griffith yw'r modd digyfaddawd yr aeth ati wedyn i'w gyfiawnhau ei hun ac i wrthod pob beirniadaeth. Wrth geisio deall ei gymhellion, credaf y gallwn ganfod rhyw chwech, rhai o natur wrthrychol, eraill yn fwy personol ; a cheisiaf eu gosod yn yr hyn a all fod yn drefn esgynnol. Yn gyntaf, yr oedd yn derbyn ac yn credu rhybudd y swyddogion milwrol fod y meirch yn ysu'r grawn ar adeg pan oedd y bobl yn llwgu. Yn ail, yr oedd ganddo gliriach a chysonach dealltwriaeth na'r rhan fwyaf o bobl ei ddosbarth o achosion yr anfodlonrwydd, sef tlodi ac angen. Yn drydydd, nid oedd yn rhoi unrhyw goel ar stori John Jones. Yn bedwerydd, nid oedd yn hoffi'r ensyniad na allai Edward Griffith, gyda thipyn o help gan y Capten Garnons a'r gwirfoddolwyr, gadw'r heddwch yn nhref Caernarfon. Yn bumed, yr oedd wedi ei gythruddo'n aruthr gan weithred y postfeistr yn cuddio'r llythyr : deffrôdd hynny'r cof am ei gau allan drwy'r blynyddoedd gan y gorfforaeth – beth bynnag oedd y gwir reswm am hynny. Ac yn chweched, pan dderbyniodd lythyrau Bulkeley, 5 a 13 Chwefror, a mwy fyth pan gynhaliwyd y cyfarfod o'r 'dinasyddion amlwg', a chyhoeddi'r penderfyniad unfrydol yn ei gondemnio, fe ddeallodd yn derfynol nad oedd yn 'un ohonyn nhw'. Nid ei safle na'i feddiannau na'i addysg oedd yn pennu hynny, ond rhywbeth mwy sylfaenol. Mae rhai pobl drwy reddf ac wrth natur yn gwarchod muriau Jericho, ac ni allant amgen. Mae eraill yn gweithio'u ffordd i mewn drwy dŷ Rahab y butain, ac weithiau'n cael peth dylanwad o fewn y ddinas. Mae eraill eto ar eu mwyaf effeithiol yn codi andros o helynt tu allan i'r muriau. Ai rhy ffansïol, neu rhy daclus, awgrymu i Edward Griffith, rywdro yn ail wythnos Chwefror, ddeall yn derfynol mai un o'r trydydd math oedd ef? Mae yna'r fath egwyddor ag 'os na fedri di ymuno â nhw, cura nhw', a bu ar waith mewn hanes lawn cyn amled â'r egwyddor groes, fwy adnabyddus. Pe baem yn llunio o'r hanes ddrama, fe allai ymrannu'n naturiol yn dair act: y gyntaf gyda Ned yr hogyn drwg, yn herio'r Sefydliad ar bob cwestiwn gan yrru pawb yn benben; yr ail gyda Mr. Griffith y dinesydd cyfrifol, drwy ei weithredu prydlon a'i ychydig eiriau pwrpasol, yn achub y dref a'r heddwch ac yna'n cael ymdorheulo yng ngwenau arglwyddi; ac yna'r drydedd, gyda'r gwir Edward Griffith yn cau'r drws ar demtasiwn ac yn darganfod ei wir alwedigaeth.

A oedd Edward Griffith yn Jacobin? Beth oedd ei wir olygiadau gwleidyddol? Gallwn ddwyn darnau o dystiolaeth o'r fan hyn a'r fan acw, ond efallai mai ansicr fydd ein casgliad yn y diwedd.

Mewn toriad o bapur newydd, a gadwyd ymhlith ei nodiadau, gwelwn enw Edward Griffith mewn cyfarfod o wŷr bonheddig, clerigwyr a rhydd-ddeiliaid Sir Gaernarfon, rhyw ddeg ar hugain ohonynt i gyd, fis Chwefror 1782 – y cyfnod prysur hwnnw yn ei hanes. O'r cyfarfod deilliodd deiseb, at Edward Carreg, yr Uchel Siryf, a thrwyddo yntau at John Parry yr Aelod Seneddol, yn galw am derfyn ar ryfel America, am ddiwygiadau mewn gwariant cyhoeddus, am gwtogi hyd seneddau ac am 'gynrychiolaeth fwy cyfartal o'r bobl'. Ffurfiwyd pwyllgor i ohebu â chynulliadau tebyg mewn siroedd eraill, gyda'r nod o 'sicrhau adfer ein hawliau cyfansoddiadol'. Bu cyfres o gyfarfodydd fel hyn ar draws gogledd Cymru yr un flwyddyn, gwaith y Sefydliad Chwigaidd yn y siroedd, a rhybuddir ni gan R. T. Jenkins i beidio â gweld yma arwydd o ryw ddeffroad mawr.[18] Mae'r sôn am 'adfer hawliau' o beth arwyddocâd, gan mai dyna oedd carn mwy nag un brotest yn yr oes, nid lleiaf y gwrthwynebiad, y bu Edward Griffith â rhan ynddo, i gau'r tiroedd comin.

A oes mwy o arwyddocâd tybed i ddogfen Ffrangeg fechan sydd wedi ei chadw yn archifdy Prifysgol Bangor?[19] Trwydded ydyw, yn galluogi 'Monsieur Edd. Griffith, gentilhomme Anglais' i deithio mewn cerbyd trwy Ffrainc. Mae wedi ei chyfeirio o Vienne yng nghanolbarth Ffrainc, gyda'r dyddiad 3 Gorffennaf 1790. Daeth i law Edward Griffith ym Milan ar 14 Awst, sef blwyddyn a mis union wedi diwrnod y Bastille. Pa ffordd y teithiodd a pha hyd yr oedodd, ni wyddom, ond mae'n ymddangos iddo, fel digon o rai eraill yng nghyffro cyntaf y wawr honno, fynd a blasu peth o awyrgylch y Chwyldro.

Beth y gallwn ei gasglu oddi wrth ei gyfeillion a'i gysylltiadau? Cyfeiria'n bur aml at hwn neu arall, enwog ac anenwog, fel 'fy hen gyfaill', ac mae gennym ninnau dystiolaeth am rai o'r bobl hyn nad oeddent fawr o gyfeillion iddo. Gofynnwn weithiau ai 'gollwng enwau' y mae, a hynny'n arwydd o ffantasi dyn unig. Un o'r 'hen gyfeillion' hyn, mewn cyfeiriad wrth fynd heibio yn un o'i lythyrau diweddar, yw 'my old friend the head of the illustrious house of Orange'. Trafod y mae farwolaeth ddisyfyd y dywysoges ifanc Charlotte Augusta, merch y Rhaglyw Dywysog; mynega ei siom na phriododd hi fab ei gyfaill y tywysog o'r Iseldiroedd. Sut y daeth y cyfeillgarwch hwn, a beth oedd ei sail, ni wyddom ; ond gwyddom i Edward Griffith deithio cryn dipyn yn yr Iseldiroedd a Fflandrys. Mwy adnabyddus, ar sail ei waith llenyddol a'i syniadau, yw cyfaill o'r Swistir y cyfeiria ato fwy nag unwaith. Gweinidog Protestannaidd yn Zürich oedd Jean-Gaspard Lavater (1741-1801), disgybl i Rousseau, awdur toreithiog ar fydr a rhyddiaith a rhyw fath o arloeswr mewn seicoleg, gan mai ef oedd dyfeisydd y goeg-wyddor o ffisiognomeg, neu ddarllen cymeriad mewn wyneb. Yr oedd ei enw'n gyfarwydd yng Nghymru, a gwelwn Williams, Llandygái, yn ymddiddori yn rhai o'i syniadau. Yr oedd gan Griffith gasgliad helaeth o weithiau Lavater, a chyfeiria atynt yn ei ewyllys. Unwaith eto ni wyddom sut y daeth y ddau i adnabod ei gilydd na pha mor ddwfn mewn gwirionedd oedd yr adnabyddiaeth. Yr hyn a all fod yn berthnasol yw fod Lavater, yn ei dro, mewn cysylltiad â'r cwmni o chwyldroadwyr Ffrengig a oedd yn cynnwys Madame Roland a'i gŵr, ac iddo weithio i ledaenu rhai o syniadau'r Chwyldro yn y Swistir. Ei ddiolch am hynny fu ei anafu'n ddrwg mewn sgarmes â milwr Ffrengig pan ddaeth y Ffrancwyr i Zürich ; bu farw o'r anaf ddechrau 1801, pan oedd Edward Griffith yng nghanol ei helynt ei hun. Daeth Griffith i wybod am y digwyddiad yn fuan, a'i gofnodi â gofid. Trueni na allem ddweud mwy am y gyfathrach.

Mae hynny yr un mor wir am y cysylltiad nesaf, a all fod y pwysicaf. Mae llawer Cymro o'r gogledd, ar ôl camu oddi ar y trên yn stesion Euston, wedi bod yn falch o wely a brecwast yn un o westyau Cartwright Gardens. O flaen y teras hanner-tro hwn fe wêl gofgolofn y dyn yr enwyd ef ar ei ôl, yr Uwchgapten John Cartwright (1740-1824), 'tad diwygiad seneddol' fel y cyfeirir ato â phob haeddiant. Gŵr o Swydd Nottingham ydoedd, disgynnydd i'r Archesgob Thomas Cranmer a brawd i'r dyfeisiwr Edmund Cartwright.

Wedi ei brofiad yn rhyfel America, fel aelod o'r llynges i ddechrau ac wedyn fel swyddog yn y milisia, daeth yn fwyfwy argyhoeddedig o'r angen am ddiwygiad gwladol, a threuliodd weddill oes hir yn dadlau'r achos hwnnw gan ysgrifennu ac areithio'n helaeth. Galwai am bleidlais gudd i bob dyn, am etholiadau rheolaidd, am etholaethau cyfartal eu maint, am ddileu'r cymhwyster eiddo ac am gyflog i'r cynrychiolwyr – y cyfan gyda chryn bwys ar adfer breiniau colledig. Pleidiai gymod ag America wedi'r rhyfel annibyniaeth, a chymod â Ffrainc hefyd, ganol y 1790au. Yr oedd ganddo argyhoeddiad cryf ynghylch pwrpas y milisia yr oedd yn swyddog ynddo : corfflu i amddiffyn rhyddid a breiniau'r dinesydd, nid i estyn ymerodraeth mewn rhyfeloedd tramor. Canlyniad hyn fu ei amddifadu o'i reng ym milisia Swydd Nottingham ; ond parhaodd yn 'Major Cartwright' ar lafar gwlad. Arbenigrwydd mawr 'Major Cartwright', fel y pwysleisia pob cofiannydd, yw iddo ddal ati heb ddiffygio drwy flynyddoedd y rhyfela â Ffrainc a'r dadrithiad ynghylch y Chwyldro. A'r rhyfel drosodd, ond nid y cyni, fe'i ceir yn pleidio gweithwyr gogledd Lloegr adeg 'Peterloo', 1819 ; canlyniad hynny fu ei erlyn yn henwr pedwar ugain oed a'i ddirwyo ganpunt am 'wrthryfel' (*sedition*). Ar yr union adeg hon, ym misoedd olaf ei yrfa yntau, dywed Edward Griffith ei fod mewn gohebiaeth reolaidd â Cartwright, yr hen ŵr yn ddiball â'i lythyrau hirion, 'as fresh as ever at his pen and ink', yntau heb yr egni i'w ateb yn ddigonol. 'Time and accidents have injured me far more than they have done this father of political reform.' Yn nwy gyfrol Frances D. Cartwright (ei nith a'i ferch fabwysiedig) o gofiant a llythyrau'r Uwchgapten, ofnaf nad oes yr un llythyr gan Edward Griffith nac ato, nac unrhyw sôn amdano.[20] Ond mae llawer rhagor o ohebiaeth Cartwright mewn llawysgrifau hwnt ac yma.

Nid oedd Edward Griffith yn weriniaethwr, nac yn chwyldroadwr, nac yn ddemocrat. Nid oes neb, hyd yma, wedi ei osod yn oriel tadau radicaliaeth Cymru, ac ar y dystiolaeth sydd gennym ni ellid cyfiawnhau hynny. Nid oes lle i gredu ei fod mewn cyswllt ag unrhyw 'Jacobin' Cymreig arall – Iolo Morganwg, David Williams, William Jones, Morgan John Rhys, Tomos Glyn Cothi na neb felly – nac yn gwybod dim am eu gwaith. Ymddengys ar dro ei fod yn rhannu'r un pryderon â rhywun fel Benjamin Wyatt, neu wŷr cefnog Caernarfon, pan yw'r werin ddiwydiannol yn bygwth arfer ei grym. Dyma'i eiriau wrth y Capten Hooper, ar anterth yr helynt:

> ... I am apprehensive that, at no distant period, when such subjects become discussed by the Welsh populace, they will, though of themselves too resigned and loyal to engage in violent measures of offence, become more and more impressed with an idea of their own importance in the scale of society; and, of course, change, perhaps eradicate, their present respectful and submissive conduct to their superiors, which must affect and derange the actual, happy system of things in this part of Great Britain.

Rhaid wrth gwrs gofio'r sefyllfa, a chofio â phwy yr oedd yn gohebu. Da cofio hefyd fod rhai o bobl fwyaf goleuedig yr oes yn gwahaniaethu'n ofalus rhwng rhyddid a democratiaeth, yn rhybuddio na byddai'r ail bob amser yn diogelu'r cyntaf, ac yn amheus o unrhyw gynnwrf ymhlith 'y werinos'; enghraifft dda o hynny yw'r awdur galluog a meddylgar Titus Lewis yn nhudalennau olaf ei lyfr *Hanes Wladol a Chrefyddol Prydain Fawr* (1810). Ni welir gan Griffith drafodaeth estynedig ar unrhyw egwyddor wleidyddol; nid yw'n crybwyll rhyddid, cydraddoldeb na brawdgarwch wrth eu henwau, na mater mawr y gaethfasnach. Dyfynna Charles James Fox ac R. B. Sheridan yn y *Correspondence* fel tystion o'i ochr ei hun. Mae ganddo gyfeiriad niwtral at John Wilkes yn ei nodlyfr. Cyfeiria un o'i lythyrau diweddar at y radical William Hone pan oedd ef ar brawf ym 1818, gan ddweud ei fod yn edmygydd o'i allu ond heb fod yn or-hoff o'i bapur newydd, *The Age*. Yn y diwedd efallai mai'r crynodeb gorau fyddai dweud bod Griffith wedi cadw, yn gyffredinol, at egwyddorion y cyfarfod hwnnw a fu yn Chwefror 1782, adeg pan oedd rhyw gymaint o ymystwyrian ac o ddychmygu amgenach pethau ymhlith rhai o'r Chwigiaid, dan arweiniad Fox yn arbennig. Bron bawb arall a oedd yno ac yn gallwn eu hadnabod, fe droesant eu cefnau. Pawb â'i reswm, mae'n ddiau.

Gyda'i gefndir a'i adnoddau, ei darddiad o'r mân fonedd a'i fagwraeth fwrdais, gellir dychmygu Edward Griffith, petai wedi ei eni'n Ffrancwr, yn un o flaenoriaid y Chwyldro ac efallai'n dod i ddiwedd gwaedlyd o'r herwydd. Ond nid oedd Caernarfon 1801 yn barod am arweiniad o'r fath. Petai Griffith wedi aros yng Nghaernarfon yn lle mynd ar grwydr, a heb ddod i'w ddiwedd yn y modd y gwnaeth, gallai fod wedi byw i weld newid yn nhymer wleidyddol y dref, yn enwedig gyda dyfodiad y radical Dr. O. O. Roberts yno ddechrau'r 1820au.[21] Sut y byddai ef yn ymateb mewn amgylchiadau felly, tybed ? A chrynhoi, gellir mentro lleoli Edward Griffith ar adain chwith y blaid Chwigaidd, yn ddyn lled gefnog a oedd yn ymwybodol o gyni rhai llai ffodus nag ef ei hun, yn bleidiwr gwelliannau, wedi rhoi bawd troed yn chwyrn drobwll y cynhyrfiad yn Ffrainc ac mewn cyswllt â phrif ddiwygiwr all-seneddol yr oes ym Mhrydain. Awgrymaf y byddai pori yn llyfrau a llythyrau Cartwright yn ein helpu i ddeall safbwynt Griffith ar fwy nag un achlysur. Yr oedd ynddo anian wrthryfelgar, a brofodd yn drech nag unrhyw duedd arall pan ddaeth pethau i'r pen. Gosodai ofn ar Arglwydd Bulkeley. A thybed na byddai wedi gwneud gwell Aelod Seneddol na Syr Robert Williams ?

§

Pwy oedd Edward Griffith ? Wrth ddod at y cwestiwn hwn, mi nodaf yn fyr y ffynonellau sydd ar gael inni. Cyfyngedig ydynt, ac mae'n dipyn o syndod ein bod yn gallu casglu cymaint. Rhwng casgliadau Poole, Porth yr Aur a Kenrick Evans mae tua 130 o lythyrau ganddo, ato ac amdano. Cadwyd ei ewyllys, ac ewyllys ei dad o'r un enw. Mae cryn bentwr o weithredoedd a dogfennau cyfreithiol yn ymwneud â'i eiddo ac eiddo'r teulu yn y dref a'r sir. Yn Archifdy Gwynedd mae un llyfr nodiadau o'i eiddo, wedi ei achub gan Kenrick Evans yn ystod ymgyrch bapur gwastraff adeg y rhyfel.[22] Gyda thalpiau ohono mewn Ffrangeg elfennol ond digonol, rhydd hwn ryw syniad o'i deithiau yn Lloegr, Iwerddon a'r Cyfandir; trueni na bai mwy, inni gael cyflawnach darlun o'i symudiadau a'i gydnabod. Ceir lloffion o'i ddarllen hwnt ac yma – Shakespeare, Molière, Macaulay, Smollet, Gibbon, Chesterfield, Johnson. Ac wrth iddo ddyfynnu Fersyl gellir dychmygu iddo dderbyn hwb i'r galon o eiriau'r Sybil wrth Aeneas : '*Tu ne cede malis, sed contra audentior ito / Qua tua te fortuna sinet ...*' (Paid di ag ildio i anffodion, ond dos yn ehofnach i'w herbyn / Hyd y goddefa dy dynged ...). Gan y dyfynnwr amlieithog hwn ni ddyfynnir gair o Gymraeg, ac nid oes arwydd bod ganddo unrhyw ddiddordebau diwylliannol Cymraeg na Chymreig. Gwelsom ddigon o'i ddawn fel ysgrifennwr Saesneg llawn mor goeth â'i ohebwyr pendefigaidd, yn arddull foesymgrynol y dydd, a gallai estyn ambell ergyd ddigon ffraeth.

Wrth ddarllen y dogfennau sydd ar gael, elwais ar sylwadau'r ddau lyfrgellydd, Thomas Richards ac Emyr Gwynne Jones, yng nghatalogau llawysgrif Bangor, ac ar ymchwiliadau Kenrick Evans, W. Gilbert Williams a Colin Gresham. Wrth edrych ar y cyfan oll ynghyd fe gawn ddau ddarlun eithaf gwahanol, a dau ddarlun a all fod yn anodd eu cysoni, o ddyn o'r enw Edward Griffith : yn gyntaf Edward Griffith, Plas Bowman, y gŵr cyhoeddus egnïol a phenderfynol; ac yn ail Edward Griffith, Ymwlch, teithiwr aflonydd a gwariwr afradlon ar ei arian ei hun ac arian pobl eraill. Nid oes neb wedi ceisio cysoni'r ddau ddarlun yn iawn ;

ac nid yw'n ymddangos fod pawb yn deall mai'r un oedd y ddau. Yr un oedd y ddau, mae hynny'n eithaf sicr.

Rwyf wedi ceisio gosod allan achau Edward Griffith fel y maent yn ymddangos i mi, gan wahaniaethu ychydig oddi wrth yr hyn a rydd J. E. Griffith[23] a W. Gilbert Williams.[24] Cymerwch hwy 'mewn pensel' fel petai, gan fod yma bethau y byddai'n dda gallu eu cadarnhau. Daw'r 'Griffith' o'r Tryfan Mawr, neu 'Tryfan Hall' fel y byddwn ni'n dweud, tŷ gweddol o faint heddiw, plasty bychan yn ei ddydd, y tu uchaf i Ros Isaf, plwy Llanwnda, ond o fewn plwy Llandwrog o drwch blewyn, ar y ffordd sy'n dringo tuag ardal fach y Bryn ac yna Carmel. Codwyd y tŷ presennol ddechrau'r bedwaredd ganrif ar bymtheg gan John Griffith (1749-1831), sgweier y Tryfan ac Uchel Siryf Sir Gaernarfon (1786-7), cefnder Edward Griffith. Am dros ddwy ganrif bu meistriaid y Tryfan yn John Griffith ac Owen Griffith yn rheolaidd ac yn ddi-fwlch, bob yn ail. Roedd Edward Griffith yr hynaf (1710-78), tad Edward Griffith, Plas Bowman, yn fab iau i John Griffith, Tryfan (1691-1742) : ei frawd hynaf, Owen, yn etifedd y stad, a brawd arall, John, yntau'n hŷn nag Edward. Trôdd Edward allan i ennill ei fywoliaeth ei hun, a bu'n llwyddiannus fel masnachwr yng Nghaernarfon. Yn 1753 priododd â'i gyfyrdres Grace (1718-62), merch i John Morris, Plas Du, Llanarmon, a thrwy ei thad yn etifeddes stad Ymwlch, Llanfihangel y Pennant. Dyma ddyblu'r cysylltiad rhwng Tryfan ac Ymwlch, oherwydd nain Edward Griffith yr hynaf oedd Grace arall, ferch William Morris (neu Maurice) o'r un cyff – hen deulu Clenennau yn y pen draw. Cafodd Edward (I) a Grace ddau fab, William ac Edward (II), a merch, Catherine, a fu farw'n blentyn. Bu farw Grace ym 1762 ac ailbriododd Edward, ag Ann Evans o Lanwnda. Bu farw Edward ym 1778 – yr un flwyddyn â'i frawd Owen, sgweiar y Tryfan. Mae ei ewyllys ar gael, lle mae'n rhannu'r stad yn fras yn ei hanner : Ymwlch a rhai tyddynnod i'w fab hynaf, William, oedd yn fargyfreithiwr yn Llundain ; a'r eiddo yng Nghaernarfon a'r cylch rhwng ei wraig, Ann a'i fab ieuengaf, Edward (II). Bu farw William yn ddyn ifanc 29 oed, heb blant, a daeth y cyfan i law Edward – ein dyn ni. Felly y daeth yn 'Edward Griffith of Ymwlch' fel y mae'n gofalu cyfeirio ato'i hun. Ym 1762 adeiladodd Edward y tad dŷ newydd iddo'i hun, Llys Dulas, yn Stryd y Jêl, Caernarfon, yn nesaf at iard y carchar ac yng nghysgod mur y dref ; rhai o swyddfeydd Cyngor Gwynedd sydd ar y safle heddiw. Yno, o pan oedd yn rhyw dair oed, y magwyd Edward y mab. Derbyniodd, meddai, ran o'i addysg yng Nghaernarfon, ynghyd â blwyddyn mewn ysgol yn Swydd Gaerhirfryn. Yr oedd gan y teulu sedd yn Eglwys Fair gerllaw eu cartref, ac un arall yn Llanbeblig.

A oedd Edward Griffith yn briod ? Nac oedd, hyd y gallwn ddweud. Wedi ei binio i mewn yn y nodlyfr mae toriad bach diddorol, mae'n debyg o'r *Chester Chronicle*. Cofnod ydyw o briodas ddiweddar yn Llanbeblig rhwng Mr. Edward Griffith Y.H., Caernarfon a Miss Caesar, merch y diweddar Mr. William Caesar, Twthill Hall, yn yr un dref. Beth wnawn ni o hyn ? Yr oedd yna deulu Caesar yn y dref, mam a merch yn byw yn Stryd Bangor. Ond ar yr un dudalen mae toriad arall – yn dweud nad oedd yr adroddiad yn wir, ac y byddai'n well i bwy bynnag a'i sgrifennodd fod yn siŵr o'i ffeithiau cyn gwneud ffŵl ohono'i hun eto ! Dywed *rhywbeth* wrthyf mai y priodfab na bu yw awdur yr ail sylw ! Yn sicr fe ysgrifennodd yn ei nodlyfr :

      1783   Le Mariage 25 Mar.
              Le Contredit 4 Avril.

Tipyn o ddirgelwch yw 'Twthill Hall' ; nid y Plas Twtil presennol ydyw, a methais gael neb a fedr ei leoli. Os bu yno unrhyw ramant o gwbl, 'fe ddaeth i fwrw glaw', fel y dywedir. Yng nghyfrifiad Caernarfon, 1794, fe restrir 'Edward Griffith Esq' yn byw yn y Stryd Fawr gyda thri o wasanaethyddion.

Dim sôn yno chwaith am wraig a theulu. Mae'n ymddangos mai hen lanc oedd Edward Griffith, gŵr troedrydd, yn medru gwneud fwy neu lai fel y mynnai, ac yn dewis gwneud hynny yn ddigon aml.

Cawn ddarllen mymryn bach am un cyswllt teuluol arall. Ddechrau 1806, yn fuan wedi colli ei frawd, Humphrey, mae David Thomas (Dafydd Ddu Eryri) yn crybwyll wrth John Roberts (Siôn Lleyn) iddo dderbyn 'l[l]ythyr cyd-alarus oddi wrth Edward Griffith Esqr., o Ymmwlch (Wmwlch), yn awr yn Llundain, pen cyfaill fy niweddar frawd, a pheth câr'. Petai Humphrey, meddai, wedi goroesi Edward Griffith, byddai wedi derbyn ganddo un ai swm blynyddol o arian neu ddarn o dir at ei gynhaliaeth.[25] Dyma'r unig gyfeiriad a welais at y cyfeillgarwch agos hwn a'r berthynas waed. Trueni na allwn wybod mwy. Gwyddom mai Thomas Griffith oedd enw tad Dafydd Ddu.

Ym 1797 yr oedd 'Edward Griffith of Ymwlch' wedi morgeisio Ymwlch am fil o bunnau i groser o Gaernarfon, Owen Owens; ac ym 1805 mae'n cymryd £360 eto ar yr un diogelwch. Am rai blynyddoedd wedyn cawn ef yn troi tenantiaid allan un ar ôl y llall, rhai am ei fod yn methu cael y rhent ganddynt, eraill er mwyn gwerthu'r eiddo am arian parod i dalu am ei deithiau, oherwydd daliodd i bererindota ymhell wedi oedran y 'Grand Tour' a gâi meibion bonedd ar draul eu tadau. Ym 1806 er enghraifft mae'n ceisio cael gwraig weddw, Jane Roberts, i ymadael â'r Hendre, Dolydd ym mhlwy Llanwnda, lle roedd hi'n ffermio gyda'i mab-yng-nghyfraith heb fawr lewyrch. Gwnaeth gynigion teg iddi, yn cynnwys tŷ arall, ond nid oedd dim yn tycio, ac ym 1808 gwerthodd yr Hendre i'r Capten Robert Evans, Caernarfon, gŵr a fu'n mentro'i gyfalaf yn chwarel y Cilgwyn ar un adeg.[26] Un arall a welodd giât y lôn, yr un flwyddyn, oedd y Capten George Byrne, un o'r 'dinasyddion amlwg' a arwyddodd y penderfyniad hwnnw ym 1801. Ni raid credu mai dial oedd hyn ; angen arian, mwy tebyg. Yn Archifdy Caernarfon gwelwn rybudd (1806) i Edward Griffith ei hun ymadael ag adeilad a gardd yn Stryd yr Eglwys. Meddyliais i ddechrau ei fod yn cael ei droi allan o Blas Bowman ; ond na, rhybudd gan Assheton Smith yw hwn, i ymadael ag eiddo arall yn yr un stryd. Pa un bynnag, ni fu Edward Griffith ym Mhlas Bowman, nac yng Nghaernarfon, yn hir wedyn.

Am flynyddoedd wedi storom 1801, ychydig a glywn gan Edward Griffith nac amdano. Ym 1803 fe godwyd mater cau Rhosbodrual unwaith eto gan gorfforaeth Caernarfon, a gofynnwyd barn Griffith fel un o'r perchenogion cyffiniol. Cadwyd un llythyr ganddo at Poole, yn addo rhoi ystyriaeth deg i'r mater, a hyd y gwyddom ni wrthwynebodd y tro hwn. Ond na phoenwn, mae'r hen Ned Griffith yn dal yn fyw yn rhywle. Yn Ebrill 1806 mae ganddo lythyr yn y *Daily Courier*, un o bapurau Llundain, a hwnnw wedi tynnu sylw ei hen lythyrwr, yr Arglwydd Raglaw (sy'n ei arwyddo'i hun yn 'Warren-Bulkeley' erbyn hyn, wedi mewnosod cyfenw'i wraig ac addasu ei arfbais). Meddai ef wrth John Ellis y twrnai : 'There was another flourish of Ned Griffiths' in the Courier of the 17th. abusing the magistrates & obliquely the Ld. Lt. that more had not been done to discover the perpetrators of a murder in Evionydd. ... Ned G. cannot rest. *Flectere si nequeo Superos, Acheronta movebo.*' Fyrsil biau'r dyfyniad, yn golygu 'os na chaf fy ffordd gyda'r nefoedd, mi gynhyrfaf uffern'.

Fe erys dyrnaid bach o lythyrau a ysgrifennodd Edward Griffith ym misoedd olaf ei oes, i Borth yr Aur at John Evans y cyfreithiwr, perthynas iddo a 'my sheet anchor in the country' fel y mae'n ei alw. Roedd John Evans yn ceisio cadw golwg ar yr hyn oedd ar ôl o'r eiddo yng Nghaernarfon. ac yn gorfod adrodd am rai problemau : er enghraifft mae Coed Mawr yn wag, ac mewn cyflwr gwael ar ôl tenant anfoddhaol iawn. Mewn llythyr o Gaergaint 1817, mae Edward yn dweud nad yw wedi gweld Sir Gaernarfon ers deng mlynedd. Bu ym Mryste, yn Brighton, ym Malvern, yn Tunbridge Wells, yn Chelsea ac yn Covent Garden, yn byw mewn amrywiaeth o dai lojin, a'i eiddo mewn stordai. Beth mae'n ei wneud? Cymowta. Astudio, meddai ef. Yfed gwin a smocio ar ôl cinio. Chwarae â chychod. A gwario pres. Cilio i'r cefndir y mae ei ddadleuon a'i ddiddordebau cyhoeddus, a gwanio y mae ei afael ar ei stad, ac yn wir ei ddiddordeb ynddi. 'I am much altered since you saw me in Wales,' meddai wrth John Evans. 'I am tranquil.' Mae wedi rhoi'r dref a'r sir y tu ôl iddo, ei fri fel dyn cyhoeddus, mater y bont a'r porthladd, 'ma victoire dans la cause de Rhosbodrual', chwedl yntau, ac yn wir helynt 1801 a'i benderfyniad mentrus, amhoblogaidd, oll yn ddim ond atgof, os hynny hyd yn oed.

Efallai y bydd un cyfeiriad bach mewn llythyr ar 28 Chwefror 1818 o beth diddordeb. Mae'n llongyfarch John Evans ar ei lwyddiant yn erbyn Esgob Caer, ac yn gofidio na allodd ef ei hun helpu, tu hwnt i anfon ychydig ddogfennau'n ymwneud ag achos cyffelyb ym 1773. Cyfeirio y mae at ddadl boeth yng Nghaernarfon pan benodwyd y Parchedig John William Trevor, gŵr digon dysgedig ond di-Gymraeg, yn ficer Llanbeblig – gydag Esgob Caer, drwy hen draddodiad, â llaw yn y penodi. Deisebodd y plwyfolion yn gryf yn erbyn y dewisiad, gyda John Evans yn gweithredu ar eu rhan, a lluniwyd llythyr o'u plaid hefyd gan y Gwyneddigion. Cafwyd ymrwymiad gan Trevor y byddai'n dysgu'r iaith, a phan ddaeth ei 'bregeth brawf' syfrdanwyd y deisebwyr gan y safon uchel yr oedd wedi ei chyrraedd mewn hanner blwyddyn o amser. Achos enwocach y Dr. Bowles ym mhlwy Trefdraeth, Môn, yw'r un a fu ym 1773. Ymddengys mai dyma'r unig fater o 'wleidyddiaeth iaith' a oedd yn cynhyrfu Cymry'r oes, ac nid oedd Edward Griffith yn eithriad.

Ar bnawn o Awst, 1820 yr oedd Griffith allan yn hwylio cwch bach, gyda chydymaith, oddi ar bier Margate. Fe aeth yn rhy agos i long ager – un gynnar iawn mae'n rhaid –

'*steam packet*' o'r enw 'Eclipse'. Fe'i hanafwyd yn ddrwg yn y gwrthdrawiad, a bu farw'r noson honno. Mae dau ddyn o'r lle, Samuel Lewis a Noah Falkner, yn adrodd yr hanes mewn llythyr at John Evans, 17 Awst. Y diwrnod canlynol, 18 Awst, rhydd y papur newydd *Kentish Gazette* gofnod byr o'r ddamwain, fod y cwch bach wedi ei dynnu dan olwynion yr *Eclipse* a dau wedi eu hanafu, ond heb sôn fod neb wedi marw. 'One was a boatman,' medd yr adroddiad, 'the other had come for the benefit of his health to Margate.' Claddwyd Edward Griffith ar 21 Awst ym mynwent eglwys Sant Ioan, Thanet, sef eglwys blwyf Margate.

(Yma yr wyf am adrodd peth bach rhyfedd. Ar ddiwrnod yng ngwanwyn 2007 yr oeddwn i ddarlithio ar y testun hwn am y tro cyntaf. Yn y papur newydd y bore hwnnw yr oedd stori am gasgliad amhrisiadwy o ddarluniau J. M. W. Turner wedi ei waddoli i Sefydliad Courtauld, Llundain. A dangosid un o'r darluniau, llun o bier Margate, gyda llong ager fechan a chwch hwylio yn nesu at ei gilydd ar fôr go donnog! Y farn arbenigol yw mai gwaith diweddar gan Turner yw'r llun hwn, tua 1840 efallai. Seiliedig ar ryw fraslun tybed? Er bod cofiannau cyflawn i Turner, a chryn lawer o'i ohebiaeth wedi ei chyhoeddi, hyd yma methais â chael allan ble'r oedd ar y diwrnod hwnnw yn Awst 1820.)

Pan gyfarfu â'r ddamwain angheuol roedd Edward Griffith yn 61 oed, ac wedi gwneud ei ewyllys ers saith mlynedd: ewyllys ddiddorol ac anghyffredin, wedi ei drafftio ganddo'i hun, ac yn cynnwys talpiau o hunangofiant a gwybodaeth deuluol. Mae'n dymuno cael ei gladdu yn Llanbeblig, os bydd farw o fewn pellter rhesymol – ond nid felly bu. Mae'n penodi ysgutorion, a'r pennaf ohonynt ei gefnder John Griffith, Tryfan. Mae'r rheini i werthu popeth o'i stad real a phersonol yn Sir Gaernarfon ... ac eithrio ei sedd yn Llanbeblig. Yr hyn a fydd ar ôl, mae i'w rannu mewn symiau bychain a chymedrol i'w berthnasau, gan roi deg gini i bob un o ddisgynyddion ei hen daid, John Maurice o Ymwlch. Mae'n awyddus i gael cofebau i'w rieni yn Llanbeblig, ei frawd (wedi ei gladdu yn Clarkenwell), a'i ddwy fodryb oedd yn byw yn Llundain, chwiorydd i'w fam. Pan aeth i Lundain i brofi'r ewyllys (1821), fe welodd John Griffith faint y dyledion. Dan orchymyn Llys Siawnsri, fe werthwyd y cyfan o'r stad mewn ocsiwn gyhoeddus yng Nghaernarfon – ei gwerth wedi treblu er pan gododd Edward y morgais ym 1797.

Heb fod eisiau mynd yn rhy bell ar ôl sgyfarnog, gellir nodi fod John Griffith ei hun mewn trafferthion ariannol ar yr union adeg hon, yn fethdalwr, yn ceisio tenant i'w ffatri wlân ('Ffatri Tryfan', fel y byddwn yn ei galw) ac yn gorfod gwerthu nifer o ddaliadau i glirio dyledion. Yn ôl hysbysiadau yn Chwefror ac wedyn yn Hydref 1818, mae Ty'n Rhos, Tŷ Hen, Beudy Newydd, Bryngwyn, Dafarn Dywyrch, y ddau Gae Haidd (Bach a Mawr), Gerlan, Tyddyn Madyn, rhan o dir y Tryfan ei hun a thiroedd ym Morfa Dinlle a Sir Fôn oll i fynd dan y morthwyl.[27] Ni werthwyd mohonynt i gyd, fel y dengys adroddiadau'r Degwm a'r Dreth Dir yn ddiweddarach yn y ganrif; ond fe achubwyd pen stad y Tryfan am y tro. Sut yr aeth John Griffith i drafferthion, ni wn. A oedd wedi gwneud colledion ar y ffatri – peth a allai yn hawdd fod wedi digwydd yng nghanol y dirwasgiad wedi'r rhyfel? Neu ar ei fentrau diwydiannol eraill yn chwareli'r Braich a'r Fron? Mab John Griffith (cyfyrder, felly, i Edward Griffith) oedd Owen Griffith (1789-1865), 'sgweier olaf y Tryfan', dyn galluog â gair da iddo yn gyffredinol. Aeth yntau i fusnes gyda'i siop fferyllydd yng Nghaernarfon, a chafodd lwyddiant fel dyfeisiwr offer i'r anabl.

Yn nosbarth y mân uchelwyr, fel y gwelsom, yr oedd gwreiddiau Edward Griffith, ac wrth nodi hynny efallai ... *efallai* ein bod ni'n taro ar yr allwedd i ddeuoliaeth ei gymeriad, yr hollt ymddangosiadol rhwng y dyn cyhoeddus egnïol, egwyddorol mewn rhyw bethau, a'r galifantiwr

braidd yn afradlon ar y llaw arall. Gydag Edward Griffith
y tad, bu cangen o hen deulu'r Tryfan, am genhedlaeth, yn
bobl ddosbarth canol, pobl fusnes gyda'r nodweddion o
ddarbodaeth a chraffter mewn materion ariannol. Fe aned
Edward y mab i'r etifeddiaeth honno, ond fe'i sbondiodd
hi, fel petai wedi mynd yn Fab Afradlon yn ail hanner ei
oes. Edward y tad yn rhoi morgeisi, ac Edward y mab yn eu
cymryd. Gwaed yr Uchelwyr yn rhy gryf, ac yn dod yn ôl?
'Reverting to type,' chwedl y Sais, ar yr union adeg yr oedd
ei gefnder a'i gyfyrder yn y Tryfan yn troi at fyd diwydiant a
masnach, gyda gwahanol raddau o lwyddiant?

Efallai y cytunwch mai tipyn o gymeriad oedd Edward
Griffith. Byddai'n dda gwybod mwy am rai penodau yn ei
fywyd. Ni bu'n ddoeth bob amser, ond fe gafodd ei awr. Wrth
basio Plas Bowman heddiw, cofiwch amdano.

NODIADAU

1   *Correspondence relating to the stationing of a troop of the Fourth Regiment of Dragoons in the County of Carnarvon.* ... The Third Edition. London : Printed for J. Johnson, St. Paul's Churchyard ; by Wood and Innes, Poppin's Court, Fleet-Street. 1806.

2   Ceir cyflwyniad i gymeriad Edward Griffith a chrynodeb o uchafbwynt y stori, digwyddiadau dechrau 1801, mewn tair ysgrif gan Kenrick Evans yn y *Caernarvon & Denbigh Herald*, 22, 29 Hydref, 5 Tachwedd 1943. Dyma'r lle hefyd i gyfeirio at ddwy gyfres o ysgrifau arbennig werthfawr gan yr un awdur mewn rhifynnau o Drafodion Cymdeithas Hanes Sir Gaernarfon. Mae'r gyfres gyntaf yn ymwneud â threfn llywodraeth Caernarfon cyn Deddf y Corfforaethau Trefol, 1835, ac mi fentraf na cheir gwell disgrifiad yn unman o weithrediad bwrdeistref yn y cyfnod : 'Eighteenth Century Caernarvon', *TCHSG* 7 (1946), tt. 24-54 ; 'Burgesses – Resident and Non Resident', 8 (1947), tt. 44-80 ; 'Caernarvon Borough and its Contributory Boroughs', 9 (1948), tt. 41-5. Mae'r ail gyfres, 'A Survey of Caernarfon, 1770-1840', yn ein tywys o'r naill fan i'r llall drwy strydoedd y dref fel yr oeddent oddeutu dau gan mlynedd yn ôl : 32 (1971), tt. 32-71 ; 33 (1972), tt. 118-48 ; 34 (1973), tt. 67-72 ; 35 (1974), tt. 14-26; 36 (1975), tt. 71-85. Un o ffynonellau K.E. oedd cyfrifiad o boblogaeth Caernarfon a wnaed ym 1794 ; sylwa ei fod saith mlynedd yn gynharach nag unrhyw gyfrifiad swyddogol, a dywed na all feddwl beth oedd ei ddiben. Ar glawr y ddogfen hon mae'r geiriau : 'CENSUS OF CARNARVON / Taken in 1794 / By / Richard Griffith / Presented by Owen Griffith, Esq. Trefan [*sic*]'. Gwall am 'Tryfan', yn sicr, yw'r 'Trefan'. Cyfyrder i Edward Griffith oedd Owen Griffith, Tryfan, yr ydym yn cyfeirio ato yng nghwrs yr ysgrif hon, ac arweinir ni i feddwl mai aelod o'r un teulu oedd y Richard Griffith a barodd wneud y cyfrifiad. Dengys K.E. mai tafarnwr y 'Boot' yn Stryd Fangor oedd Richard ; dyfalaf ei fod yn berthynas i John Griffith o'r un cyfeiriad, yntau'n ymddangos yn fyr yn ein stori. Mae'r llawysgrif yn Archifau Gwynedd (X/D1/745), a hefyd gopi llawysgrif gan K.E. (XM 1395/306) ; copi teipiedig ganddo yw Bangor 4865. Am ragor o awyrgylch y Gaernarfon a adwaenai Edward Griffith gellir darllen ysgrif ar 'Tref Caernarfon tua'r Flwyddyn 1800', *Y Traethodydd* LX (1905), tt. 226-32, gan un sy'n ei alw'i hun 'Bachgen o'r Ddeunawfed Ganrif'. Yr oedd gan K.E. amheuon bychain ynghylch dilysrwydd yr ysgrif hon, ac awgrymodd efallai mai Anthropos oedd yr awdur.

3 J. Glyn Parry, 'Terfysgoedd Ŷd yng Ngogledd Cymru', *TCHSG* 39 (1978), t. 74.

4 J. M. Brereton, *A History of the Fourth/Seventh Royal Dragoon Guards and their Predecessors* (Catterick, 1982).

5 Gweler Neil Fairlamb, *The Viscount and the Baron* [:] The Life and Times of Thomas James Warren Bulkeley 1752-1822 (Carlisle, 2009).

6 Ar yr hanes wedyn, gweler Lewis Lloyd, *The Port of Caernarfon, 1793-1900* (Caernarfon, 1989).

7 J. R. Western, *The English Militia in the Eighteenth Century* : the story of a political issue (London, Toronto, 1965). Ceir llawnder o wybodaeth yng nghyfres lyfrau Bryn Owen ar gorffluoedd milisia a gwirfoddolwyr Cymru (1983-95). Y gyfrol fwyaf perthnasol i ni yw *Welsh Militia and Volunteer Corps 1757-1908.* 1. Anglesey and Caernarfonshire (Caernarfon, 1989).

8 Gellir darllen cerdd Twm o'r Nant, 'Rhyddhad o'r Milisia' yn y gyfrol a olygwyd gennyf i, *Canu Twm o'r Nant* (Bangor, 2010), t. 182 ; hefyd fy nhrafodaeth ar y gerdd hon, *Barddas*, rhif 320 (rhifyn yr Eisteddfod, 2013), t. 18.

9 Dyma 'Y swyddog Edwards sydd / Filwriad rhadlon rhydd', ar ben rhes o'r 'gwŷr sy'n blaenu'r gad' mewn penillion o waith Griffith Williams (Gutyn Peris) 'i annerch milwyr cartrefol swydd Gaernarfon ... 1812'. Gweler: Ffion Mair Jones, gol., *Welsh Ballads of the French Revolution 1793-1815* (Caerdydd, 2012), t. 312.

10 Papurau'r Sesiwn Fawr yn Llyfrgell Genedlaethol Cymru 4/277/4, 4/278/1.

11 Ar 'Cownslar Jones', gweler Gruffudd Parry, *Crwydro Llŷn ac Eifionydd* (Llandybie, 1960), t. 134.

12 Adroddir yr hanes yn W.H. Jones, *Old Karnarvon* (argraffiad newydd, Caernarfon, 1984), tt. 134-6. Cyfieithiad Cymraeg gan W. Gilbert Williams, gol. Gareth Haulfryn Williams, *Moel Tryfan i'r Traeth* [:] *Erthyglau ar Hanes Plwyfi Llanwnda a Llandwrog* (Pen-y-groes, 1983), tt. 63-4 (rhan o bennod 'Anesmwythyd yn Arfon yn y Ddeunawfed Ganrif'). Gweler hefyd: T. Meirion Hughes, 'Terfysg yr Ŷd yng Nghaernarfon yn 1752', *Hanesion Tre'r Cofis* (Tal-y-bont, 2013), t. 147.

13 Am hanes anfarwol 'noson plismyn Manceinion', gellir darllen E. Morgan Humphreys, *Gwŷr Enwog Gynt* [y gyfrol gyntaf] (Llandysul, 1950), tt. 15-17.

[14] Ceir llawer o wybodaeth amdano, *passim*, yn : Dorothy Bentley Smith, *A Georgian Gent & Co.* The life and times of Charles Roe (Ashbourne, 2005).

[15] Fformiwla i wrthod dyrchafiad eglwysig yw '*nolo episcopari*' (ni fynnaf fy ngwneud yn esgob). '*Laudari a viro laudato*', cael clod gan ŵr clodwiw.

[16] Diddorol cymharu geiriau Goronwy Owen o deyrnged i'w gyfaill John Owen, Plas yng Ngheidio, Llŷn, mewn llythyr ym 1754 : 'Yn y blynyddoedd tostion hynny pan oedd yr ymborth cyn brinned a chyn ddruted, hyd nad oedd yn gorfod ar lawer werthu eu gwelyau o danynt i brynu lluniaeth, a phawb a feddai ŷd yn ymryson am y drutaf a'r caletaf ; yr oedd y pryd hynny galon John Owen yn agored, cystal â'i ysguboriau, ac yn y Plas yng Ngheidio y câi y rhan fwyaf o dlodion Llŷn eu lluniaeth ; yn enwedig y trueiniaid llymion gan bysgodwyr Nefyn. Nid oedd yno ddim nâg am ŷd, bid arian, bid peidio : talent os gallent pan lenwai Dduw y rhwydau.'

[17] Gweler Brian Lewis ac Eryl Wynn Rowlands, 'The Menai Pitt Club 1808 - c.1830', *Trafodion Cymdeithas Hynafiaethwyr a Naturiaethwyr Môn* (1996), tt. 11-44.

[18] *Hanes Cymru yn y Bedwaredd Ganrif ar Bymtheg* (Caerdydd, 1931), tt. 9-11.

[19] Ba. 413, t. 45 (xv).

[20] Frances D. Cartwright, *The Life and Correspondence of Major Cartwright* I, II (Llundain, 1826 ; arg. newydd, 1969).

[21] Emyr Hywel Owen, 'Dr. Owen Owen Roberts', *TCHSG* 7 (1946), tt. 53-64.

[22] M/1395/181.

[23] J. E. Griffith, *Pedigrees of Anglesey & Carnarvonshire Families* (Horncastle, 1914 ; argraffiad newydd, 2009), tt. 160, 382.

[24] W. Gilbert Williams, 'Y Tryfan', *TCHSG* 2 (1940), tt. 58-74.

[25] Myrddin Fardd, *Adgof uwch Anghof* (Caernarfon, d.d.), tt. 40, 42.

[26] Gweler Dewi Tomos, *Chwareli Dyffryn Nantlle* (Llanrwst, 2007), t. 19. Diddorol hefyd yw cyfeiriad bach mewn arolwg o stad Ymwlch a wnaed ar gyfer yr ymddiriedolwyr ym 1799 (Ba. Cynhaiarn 111), gan 'R. Owen' mewn enw, ond gwaith William Williams, Llandygái, heb unrhyw amheuaeth – dyn a fu'n gwneud yr un gwasanaeth i Edward

Griffith (I) flynyddoedd ynghynt. Gyferbyn â'r enw 'Hendre' ym mhlwy Llanwnda, mae rhywun wedi ychwanegu '[R Captain]', mewn bachau sgwâr, fel yna, a rhywun arall wedi ei groesi allan wedyn. Awgryma hyn fod yr eiddo wedi cael ei adnabod fel 'Hendre'r Capten' ar un adeg.

27 Poole 4177, 4179.

Byddwch yn ...

Daw'r llyfr bach hwn i ben ag ymarfer o 120 llinell fer. Os gallwch gwblhau hwn yn llwyddiannus, gallwch ysgrifennu Cymraeg yn iawn.

Yng nghorff y llyfr ymdrinir â rhai materion ieithyddol, gan ganolbwyntio ar wendidau a welir heddiw oherwydd sefyllfa'r Cymro, ond gwendidau y gellir eu cywiro i gyd, dim ond arfer ychydig o synnwyr.

Mae yma hefyd rai RHYBUDDION IECHYD. Gwyliwch felly rhag:

> Y CLWY GOFOD !
> Y CLWY SGILIAU !
> Y CLWY ADDYSGU !
> a'r CLWY PERSON !

Oriau o ddiddanwch !

*　　*　　*

'Rwy' wedi mynd i'r arfer o fynd ag o gyda mi i bob man.' – *Myfyrwraig.*

'Nid llyfr y flwyddyn ond llyfr y degawd. Anhepgorol.' – *Llenor a dramodydd.*

'Dylai fod ym mag pob plentyn ysgol.' – *Tad a thaid.*

£8.00   Gan eich llyfrwerthwr neu gan dalennewydd.cymru

Am y gyfrol
Camu'n Ôl a Storïau Eraill ...

'Prin iawn yw'r awduron sydd wedi gwneud i mi chwerthin yn uchel. Yn eu plith mae Wil Sam ac Eirwyn Pontsiân. At y rhain ychwanegwch Glyn Adda a'i gasgliad rhyfeddol o storïau byrion, *Camu'n Ôl a Storïau Eraill.* ... Mae'r un-stori-ar-bymtheg sydd yn y casgliad i gyd yn berlau. Dyma waith awdur sy'n berchen ar lygaid craff, clustiau meinion a dychymyg sy'n drên. Mae dychan a hiwmor cynnil – ac weithiau dynerwch atgofus – yn rhedeg drwy'r cyfan. ... Dyma werslyfr i unrhyw awdur sydd am fynegi ei hun yn glir a diamwys. Gall ein harwain fesul cam tuag at uchafbwynt o chwerthin neu weithiau i ddyffryn o ddwyster. Ond y geiriau allweddol yw dychan ac eironi. A dydi'r dyfeisgarwch byth yn troi'n glyfrwch bas, byth yn troi'n gimics. ... Dyma gyfrol y talai i bob egin awdur – ac ambell un sydd wedi ymsefydlu hefyd – ei darllen. Drwyddi mae'r Gymraeg yn llifo megis afon. Bu ei darllen yn bleser pur.' – Lyn Ebenezer, *Gwales*, a'r *Cymro*.

... *Camu'n Ôl a Storïau Eraill*

'Cyfrol ddoniol ydyw, ond hiwmor craff sydd yma, gyda dawn ddychanol yr awdur yn taro'r hoelen ar ei phen wrth ddychanu ffaeleddau pobl a sefydliadau ei fro a'i wlad. ... Mae'n deall ac yn disgrifio amrywiaeth eang o emosiynau dynol a'u holl gymhlethdodau, o'r ffyrnigrwydd a'r rhwystredigaeth sydd i'w gweld yn ei ddychan hyd at yr empathi a'r tosturi sydd ganddo tuag at rai o'i gymeriadau. Ac yn hynny o beth daw perthnasedd y ffug gyfenw Adda i'r amlwg. Nid darlunio Cwmadda na Chymru yn unig a wna'r awdur yma, ond darlunio'r ddynoliaeth, hil Adda, a'i holl ogoniannau ac amrywiaethau – a'i holl ddiffygion hefyd, wrth gwrs!' – Lisa Caryn Sheppard, *Tu Chwith*.

'Hoffais "Rhan Fach mewn Hanes" yn fawr. Ond toes yna gymaint o bobl hurt yn meddwl eu bod yn bwysig? Ac mae hanes y capel yn cau yn ardderchog, er na fedraf ddeall pam fod cau capel yn fy styrbio a minnau byth yn mynd ar y cyfyl nac yn credu mewn dim. Rydym yn genedl (os cenedl o gwbl) ddwl a di-ddeall ac yn cysgu gan adael i bopeth sâl ennill, – a brolio'r cyfan sobor â chelwyddau hyfryd. ... Dal ati Glyn Adda, a diolch amdanat.' – *Cwsmer Bodlon 1*.

'Prynais *Camu'n Ôl a Storïau Eraill* yn Siop y Pethe, a'i ddarllen ar ôl swper hyd berfeddion neithiwr gyda blas anghyffredin: ... gallaf ddweud heb os na ddarllenais ddim beirniadaeth wleidyddol-gymdeithasol ar y Gymru sydd ohoni mor finiog gan neb, ond yr hyn sy'n ardderchog hefyd yw bod y cymeriadau sy'n llefaru neu'n corffori'r feirniadaeth honno yn bobl fyw. Gwych, gwych.' – *Cwsmer Bodlon 2*.

'Bu i'r straeon dychanol fy mhlesio i'n fawr gan fod y dweud mor ddi-flewyn-ar-dafod a'r sylwadau ar y natur ddynol mor graff. Yn sicr, y mae hiwmor deifiol Glyn Adda wedi taro deuddeg i mi bob tro, ac mi wnes i chwerthin yn uchel yn aml iawn wrth ddarllen y storïau. ... Yr hyn sy'n nodweddu pob stori yn y casgliad yw Cymraeg eithriadol o groyw, naturiol a llyfn. Yn wir, mae sgrifennu o'r fath yn ymddangos yn ddawn mor ddiymdrech ar ran yr awdur fel bod y darllenydd yn tueddu i anghofio'r gamp sydd wedi'i chyflawni. ... Mi fedrwn ddal ati hyd syrffed i bentyrru ansoddeiriau am y gyfrol (*amlhaenog, direidus, dychmygus, dyfeisgar, gwreiddiol, heriol, myfyriol, treiddgar* ...). Ond y peth callaf y medraf ei wneud yw eich annog i'w darllen.' – *Cwsmer Bodlon 3*.

£15.00   Gan eich llyfrwerthwr neu gan dalennewydd.cymru

Am y gyfrol
O'r India Bell a Storïau Eraill

'O ran ei chynnwys, dyma löyn byw llenyddiaeth Gymraeg gyfoes, a'r ddiweddaraf gan awdur profiadol, uchel iawn ei barch a'i glod ym maes rhyddiaith. Ceir ynddi wyth stori i gyd, hynod ystwyth o ran arddull, llawn dychymyg a chyffro, a'r awdur wedi deall i'r dim wir anghenion stori dda, sef rhediad byrlymus, magu a chynnal diddordeb, a'n tywys ni oll tuag at yr atalnod llawn olaf, gan wybod inni fwynhau pob tamaid o'r daith er mwyn cyrraedd yno! Yn y gyfrol cawn y bryntni a'r llonder, ac yn anad dim byd arall storïau cyflawn sy'n fwrlwm o ddychan effeithiol, hiwmor a dawn dweud tra arbennig. Cyfrol i'w phrynu a'i thrysori.' – Dafydd Guto Ifan, *Eco'r Wyddfa*.

'Nid oes neb yn yr oes hon yn ysgrifennu fel Glyn Adda, *nom de plume* ai peidio. Cymro ymosodol, deifiol ei dafod sydd yma, un a duriodd ddwfn leoedd hanes a llenyddiaeth Gymraeg am athrylith ei waith ei hun, a thynnaf fy het iddo am wneud hynny gyda'r fath *pizzazz* ... Dau ddewis sydd wrth ddarllen y gyfrol hon; chwerthin neu grio. O dan y doniolwch a'r cyllyll, mae gwybodaeth ddofn o hanes, diwylliant, a llenyddiaeth Gymraeg yn eu holl arweddau. Mae cyfeirio at lên Cymru yn dod yn ail natur i Glyn Adda ac mae'n ei pharodïo'n llwyddiannus droeon a thro. ... Mae'r gyfrol yn gwneud cyff gwawd o'r "tswnami o nonsens sy wedi boddi ein gwlad oddi ar ddatganoli" ac yn enghreifftio "[g]wiriondeb diwaelod y ddynol ryw". Eto i gyd ni all dyn lai na meddwl mai oherwydd, ie ei rwystredigaeth, ond hefyd ei barch a'i gariad at y cyfryw bethau y gwna hyn oll, i'n cystwyo i gallio cyn ei bod yn nos ar ein cenedl.' – Rhiannon Ifans, *Barn*.

£8.00   Gan eich llyfrwerthwr neu gan dalennewydd.cymru

Am y gyfrol
Meddyliau Glyn Adda

Braint yn wir oedd cael cyfle i ddarllen y gyfrol ddiweddara o wasg Dalen Newydd dan y teitl *Meddyliau Glyn Adda*, sy'n gasgliad o dros 90 o flogiau yn pontio'r blynyddoedd 2012-17. ... Er bod Glyn Adda yn awgrymu yn ei ragair mai 'cicio ceffyl marw yng Nghymru' y mae o a'i debyg, mae'n anhepgor ei fod o'n dal i bigo cydwybod cenedl sydd fel petai'n cerdded yn gyfoethog gyfforddus i ddifancoll

Er na fuaswn i yn gallu dweud Amen i bopeth y mae Glyn Adda yn ei ddweud, eto ni fedraf lai nag edmygu gallu'r awdur i gyflwyno'i neges drwy'r llifeiriant geiriol sy'n deillio o'i feistrolaeth drylwyr o'r Gymraeg ar ei chyfoethocaf a chan dynnu ar ei ddysg a'i grebwyll mewn modd sy'n perswadio rhywun ei fod o'n traethu'r gwirionedd. A dyna hanfod blogiwr neu golofnydd gwerth ei halen.

Gwilym Owen, *Barn*.

£10.00 Gan eich llyfrwerthwr neu gan dalennewydd.cymru

Am y nofel *Y Porthwll*

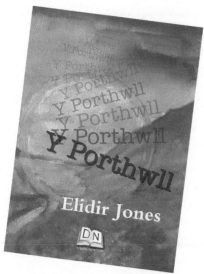

'Mae Elidir Jones wedi llwyddo i greu cyfrol lawn cyffro a drama. ... Buan iawn y cewch chi'ch sugno i ganol y stori (effaith y Porthwll, efallai ...). Mae'n nofel ddarllenadwy iawn, mae ganddi gymeriadau cryf ac mae'r plot yn symud yn ei flaen yn naturiol heb din-droi'n ormodol o amgylch un digwyddiad. ... Gobeithio'n wir y bydd Elidir Jones yn dal ati i sgwennu – dyma un maes lle mae dirfawr angen awduron Cymraeg.'
Dorian Morgan, *Gwales*.

'Cryfder y nofel ydi'r modd yr aethpwyd ati i ddangos y gwahaniaeth rhwng bydoedd Cai Un a Cai Dau a hynny heb fynd yn orgymhleth, Mân iawn ydi'r gwahaniaethau i ddechrau arni ond cyn bo hir dônt yn fwy dramatig. Gan fod y gwahaniaethau yn digwydd mor raddol ac wedi eu seilio ar agwedd Cai yn aml, mae darganfod sut y mae camgymeriadau bychain yn esgor ar ganlyniadau dybryd yn hynod o ddifyr. ...
Dyma nofel sy'n gyfraniad at y canon Cymraeg o ffuglen wyddonol heb os. Mae'n fan cychwyn da i unrhyw ddarllenwyr sy'n troi at sgrifennu fel hyn am y tro cyntaf, ac i ffyddloniaid y genre mae yna hen ddigon i'w fwynhau.'
Llŷr Titus, *Barn*.

£9.00   Gan eich llyfrwerthwr neu gan dalennewydd.cymru

EIN CYFRES SAFONOL
CYFROLAU CENEDL

Yn awr ar gael yn y gyfres hon:

1. *Canu Twm o'r Nant.* £15.
2. *Twm o'r Nant: Dwy Anterliwt. Cyfoeth a Thlodi a Tri Chydymaith Dyn.* £15.
3. *William Williams: Prydnawngwaith y Cymry.* £10.
4. *Emrys ap Iwan: Breuddwyd Pabydd wrth ei Ewyllys.* £8.
5. *Beirniadaeth John Morris-Jones.* £15.
6. *Rhywbeth yn Trwblo.* £15.
7. *Dramâu W. J. Gruffydd: Beddau'r Proffwydi a Dyrchafiad Arall i Gymro.* £8.
8. *Eira Llynedd ac Ysgrifau Eraill gan W. J. Gruffydd.* £15.
9. *Llythyrau Goronwy Owen.* £15.
10. *Daniel Owen : Y Dreflan.* £15.
11. *Thomas Parry : Llywelyn Fawr a Lladd wrth yr Allor.* £10.

'Golygiad newydd yw pob un, o destun a aeth yn brin drybeilig ac a ddylai fod ar astell lyfrau pawb diwylliedig. ... Dyma gyhoeddwr sy'n cyrraedd mannau lle nad aiff eraill.' – *Y Casglwr.*

'Dylai pob myfyriwr Cymraeg gwerth ei halen gael yr holl gyfrolau ar ei silff.' – *Gwales.*

'Mae'r llyfrgell a adeiladwn bob yn rhifyn fel hyn yn ffynhonnell bwysig i unrhyw un sydd yn ymddiddori yn hanes a llenyddiaeth Cymru.' – *Y Cymro.*

Gan eich llyfrwerthwr neu gan dalennewydd.cymru

A bellach ein chwaer gyfres

YR HEN LYFRAU BACH

PECYN 1

1. Y Bardd Cocos
2. Daniel Owen : Dewis Blaenoriaid
3. Eben Fardd
4. Cerddi'r Bardd Cwsg

PECYN 2

5. Lloyd George
6. John Morris-Jones : Omar Khayyâm
7. Twm o'r Nant yn Cofio
8. Cerddi Goronwy Owen

PECYN 3

9. Cerddi Morgan Llwyd
10. Y Bugeilgerddi
11. Samuel Roberts : Cilhaul
12. Caneuon Mynyddog

£3 yr un, £10 am becyn o bedwar
Llawer rhagor i ddilyn!

'Gwyddom oll erbyn hyn am y gyfres ysblennydd Cyfrolau Cenedl, cyfres a lansiwyd ychydig o flynyddoedd yn ôl gyda'r nod o "ddwyn i olau dydd weithiau diddorol a fu un ai allan o brint neu ar goll neu yn anghofiedig". ... Yr un yn union yw'r nod gyda'r gyfres fach bresennol, sef "Yr Hen Lyfrau Bach". ... Ardderchog o beth hefyd yw gweld y pris rhesymol a godir – dim ond £10 am bedwar llyfr hardd eu diwyg, hollol hylaw. Maent oll yn wir "yn ffitio poced y Cymro o ran maint ac o ran pris".' – *Y Cymro.*

Gan eich llyfrwerthwr neu gan dalennewydd.cymru

DALEN NEWYDD